ALEXANDRIE

IV

ZAKŁAD ARCHEOLOGII ŚRÓDZIEMNOMORSKIEJ
POLSKIEJ AKADEMII NAUK
I POLSKA STACJA ARCHEOLOGII ŚRÓDZIEMNOMORSKIEJ
UNIWERSYTETU WARSZAWSKIEGO W KAIRZE

ALEKSANDRIA

IV

Zsolt Kiss

RZEŹBY Z POLSKICH WYKOPALISK NA KÔM EL-DIKKA 1960—1982

PWN — PAŃSTWOWE WYDAWNICTWO NAUKOWE WARSZAWA 1988

CENTRE D'ARCHÉOLOGIE MÉDITERRANÉENNE
DE L'ACADÉMIE POLONAISE DES SCIENCES
ET CENTRE POLONAIS D'ARCHÉOLOGIE MÉDITERRANÉENNE
DE L'UNIVERSITÉ DE VARSOVIE AU CAIRE

ALEXANDRIE

IV

Zsolt Kiss

SCULPTURES DES FOUILLES POLONAISES À KÔM EL-DIKKA 1960–1982

PWN — ÉDITIONS SCIENTIFIQUES DE POLOGNE VARSOVIE 1988

Photographies

Waldemar Jerke, Andrzej Bodytko, Zbigniew Doliński et *l'auteur*

Couverture et jaquette du livre

Krzysztof Racinowski

Rédacteur

Maria M. Berger

ISBN 83-01-06530-3
ISSN 0138-0486

Drukarnia im. Rewolucji Październikowej w Warszawie

AVANT-PROPOS

Les fouilles polonaises à Kôm el-Dikka, menées depuis plus de vingt ans, dans le centre même de l'antique Alexandrie, ont fourni des monuments d'une importance primordiale pour l'architecture et la topographie de l'ancienne métropole : les grands thermes romains, les citernes, l'édifice théâtral, un quartier d'habitation, deux rues enfin, pour ne citer que les plus importants [1]. Les trouvailles d'objets furent plus réduites. Certains ensembles ont pourtant une valeur indiscutable, p. ex. les figurines coptes en terre cuite, les ampoules de St Ménas, les sculptures sur os et surtout la céramique [2]. Parmi les ensembles moins favorisés nous devons ranger la sculpture : à peine une centaine d'objets pour plus de vingt ans de fouilles ininterrompues. D'ailleurs il s'agit uniquement de fragments plus ou moins réduits, en plus ou moins bon état. Aucun exemple ne fut trouvé en sa position originelle. Peu de ces sculptures trouveront place dans les salles d'exposition des musées, la grande majorité est condamnée aux magasins de fouilles et aux réserves.

Justement cette raison rend indispensable la publication de cet ensemble de fragments de sculpture, sinon il risquerait d'être perdu pour la science. C'est donc en toute modestie mais avec conviction que nous les présentons ici.

Nous nous sommes limités à la sculpture figurée (statuaire et bas-relief), laissant de côté la sculpture architectonique, souvent inséparable de l'architecture et obéissant à ses règles propres [3]. Les objets en stuc sont aussi omis, appartenant soit à la décoration architectonique, soit à la coroplastique qui fera le sujet d'une étude indépendante. Enfin, nous avons laissé de côté la seule figurine en bronze découverte à Kôm el-Dikka [4].

Par contre, il a paru nécessaire, malgré la grande prédominance des sculptures classiques, de ne pas omettre les sculptures de style égyptien traditionnel (15 objets) ni les sculptures coptes et médiévales (6 objets). Dans le cadre des sculptures classiques, nous avons choisi un ordre thématique plutôt que chronologique, car la datation de nombreux fragments reste large sinon ouverte, vu leur mauvais état de conservation.

---

[1] Pour une bibliographie complète des fouilles polonaises à Kôm el-Dikka, cf. M. Rodziewicz, *Alexandrie III. Les habitations romaines tardives d'Alexandrie*, Varsovie 1984. Pour les travaux récents, cf. E. et. M. Rodziewicz, *Alexandrie 1976–1977*, ET XII, 1983, pp. 241–275 ; E. et M. Rodziewicz, *Alexandrie 1978–1979*, ET XIV (sous presse).

[2] Cf. M. Rodziewicz, *Alexandrie I. La céramique romaine tardive d'Alexandrie*, Varsovie 1975. Dans la série « Alexandrie » sont prévues, entre autres, les publications des figurines en terre cuite coptes par P. Parandowski, des ampoules de St Ménas par Z. Kiss, des lampes par. J. Młynarczyk et des monnaies par B. Lichocka.

[3] Un catalogue des fragments de décoration architectonique de Kôm el-Dikka est préparé par B. Tkaczow.

[4] Il s'agit d'une figurine d'athlète, inv. n° R/1744/72, probablement faisant partie d'un meuble, dont la publication est prévue par B. Gąssowska. Cf. M. Rodziewicz, *Un quartier d'habitation gréco-romain à Kôm el-Dikka*, ET IX, 1976, p. 205, fig. 43.

* * *

Je voudrais exprimer ici ma dette de reconnaissance envers la mémoire du Professeur Kazimierz Michałowski, qui m'a confié la tâche de publier les fragments de sculpture de Kôm el-Dikka. Ce livre est le fruit de sa constante bienveillance.

Je tiens à remercier également très chaleureusement M. Mieczysław Rodziewicz, ancien directeur des fouilles polonaises à Kôm el-Dikka, qui me facilita à chaque occasion mes travaux sur la sculpture et continua à manifester une grande compréhension pour mes recherches. Au cours de ces années, il m'apporta toujours son soutien et son amitié.

Enfin je ne saurais suffisamment souligner pour cette publication l'apport de mes collègues, photographes du Centre Polonais d'Archéologie Méditerranéenne au Caire, MM. Waldemar Jerke, Andrzej Bodytko et Zbigniew Doliński.

TOPOGRAPHIE DES TROUVAILLES

La superficie des fouilles polonaises à Kôm el-Dikka est assez étendue, aussi avons-nous regroupé les trouvailles suivant les principaux monuments dégagées au cours des travaux. Cette division est tout à fait formelle, car aucun fragment de sculpture n'a été retrouvé sur son emplacement originel [1].

LES THERMES

Les fouilles polonaises débutèrent en 1960 sur le terrain des thermes romains tardifs, les travaux y furent particulièrement intenses dans les années 1960—1964 (sondages A, C, D, K), puis en 1967—1968, le long du portique Sud des thermes et le frigidarium (sondages « 68 » et 0). Enfin dans les années 1972—1981, les travaux s'orientèrent sur le frigidarium et la portion entre les thermes et les citernes à l'Ouest de la rue R 4 (sondage W 2). Une mention à part est due au terrain situé à l'Ouest, probablement déjà à l'extérieur des thermes, mais à l'Est du prolongement de la rue « Théâtrale » (une partie du sondage A, AN et AS, le sondage B). Ce terrain fut fouillé par intervalles depuis 1960 et actuellement les travaux y ont repris.

Le premier fragment de sculpture trouvé lors des fouilles polonaises en 1960 fut un fragment de bras (cat. n° 50), suivi en 1961 par un autre fragment de bras de statuette (cat. n° 48) et en 1962 un grand torse féminin (cat. n° 38). Tous ces objets provenaient du sondage A, mais il est difficile de dire s'il s'agit des parties couvrant les thermes ou déjà à l'Ouest des thermes. Une grenouille (cat. n° 90) fut trouvée en 1965 sur l'extrémité Nord-Ouest des thermes.

Par contre, certainement en dehors des constructions des thermes, dans le secteur AS, fut trouvée en 1974 une petite figurine de Niobide (cat. n° 40). Egalement sans lien avec les thermes reste un fragment de couronne égyptienne (cat. n° 4), trouvé en 1962 dans le sondage B, nettement au Nord-Ouest des thermes, mais, semble-t-il, encore à l'Est du prolongement de la rue « Théâtrale ».

La partie chauffée des thermes, dont de massifs murs de briques sont conservés très haut, a fourni de ce fait peu de sculptures. Dans la partie Ouest des salles chauffées fut trouvée en 1962 une petite plaque en stéatite avec une image de St Cosme du XIIIe siècle (cat. n° 105). Dans un des fours des thermes fut dégagée en 1961 une splendide tête féminine d'époque ptolémaïque

---

[1] Certaines sculptures furent retrouvées dans les déchets provenant de divers secteurs, aussi n'en est-il pas tenu compte dans la topographie des trouvailles, à savoir cat. n°s 9, 11, 32, 49, 63, 69, 71, 78, 83–86, 88, 100. Il s'agit de fragments très réduits, surtout de draperie, fournissant peu d'informations.

(cat. n° 22). Une seconde tête ptolémaïque fut trouvée en 1963 (sondage K) dans un des bassins du caldarium (cat. n° 23). Il convient de ranger dans le même groupe un fragment de togatus (cat. n° 80) et une main du IIIe siècle de n.è. (cat. n° 60), trouvés en 1970 dans ledit secteur de l'explosion. L'appartenance est toute formelle : l'explosion prit place sur une portion des salles chauffées des thermes, mais ces fragments peuvent provenir de bien ailleurs.

L'extrémité Ouest du portique Sud des thermes a fourni en 1963 (sondage G) un torse d'Hermès (cat. n° 37) du Ier siècle, donc bien antérieur à l'existence des thermes. L'extrémité Est, par contre (sondage « 68 »), a fourni en 1968 un fragment de buste (cat. n° 43).

En cette même année débuta la fouille du frigidarium des thermes (sondage 0). Nous en avons un fragment de buste de médiocre qualité (cat. n° 44), mais surtout une tête féminine du IIe siècle avant n.è. (cat. n° 26). La partie Nord du frigidarium avait déjà donné en 1972 une couronne égyptienne (cat. n° 5). Mais c'est en 1975 et 1976 que dans les portions Nord et Est du frigidarium fut trouvée toute une série de sculptures : un canope en calcaire (cat. n° 12), un sein (cat. n° 45), une main (cat. n° 64), un fragment d'aile (cat. n° 97). Mais on doit plus particulièrement mentionner dans le Nord du frigidarium le bras d'une statuette d'Aphrodite du Ier siècle avant n.è. (cat. n° 47) et une patte de lion (fragment de meuble?) des IIe–IIIe siècles de n.è. (cat. n° 95).

En 1980, le sondage W 2 fut continué dans la portion entre le frigidarium des thermes et les citernes, à l'Ouest de la rue R 4. En proviennent un fragment de diadème (cat. n° 34) et surtout une très intéressante tête de Dionysos âgé du IIIe siècle de n.è. (cat. n° 19).

L'ÉDIFICE THÉÂTRAL

Les travaux archéologiques sur le terrain de l'édifice théâtral furent très brefs (1964–1968) mais intensifs, ce qui explique un nombre relativement abondant d'objets, mais formant, comme sur tout Kôm el-Dikka, un choix disparate.

Le dégagement de l'auditorium et de la scène de l'édifice théâtral en 1964 a donc enrichi l'ensemble de sculptures des fouilles polonaises d'une main avec clef des IIe–Ier siècles avant n.è. (cat. n° 57), d'une patte (cat. n° 94) et d'une main (cat. n° 61) du Ier siècle de n.è., d'une petite tête d'Alexandre le Grand (cat. n° 17) du IIIe siècle, aussi bien que d'un portrait masculin, en très mauvais état (cat. n° 101) des Ve–VIe siècles.

En 1965 et 1966, le dégagement de l'orchestre et de ses alentours a fourni une main avec phallus du Ier siècle, d'excellente qualité (cat. n° 56), une très belle tête d'*opus sectile* du IIIe siècle (cat. n° 29), un fragment de tête de Sérapis en albâtre de la même période (cat. n° 21), enfin un portrait masculin très abîmé du IVe siècle (cat. n° 18). Une place absolument à part est due à la plaquette de bordure en bois (cat. n° 106), du XIe siècle, trouvée à l'Est de l'orchestre, sans doute dans sa couche originelle.

A l'extérieur du théâtre, au Sud, furent trouvés en 1967 un œil pour incrustation (cat. n° 36) et en 1968 un torse égyptien d'époque ptolémaïque tardive (cat. n° 6).

Sur la rue « Théâtrale » devant l'édifice fut dégagée en 1967 une main (cat. n° 62). Dans cette même rue, en 1973, fut entrepris un sondage sous le dallage, assurant aux objets trouvés une datation antérieure au IIIe siècle de n.è. Malheureusement, dans le domaine de la sculpture, les trouvailles se réduisirent à deux doigts (cat. n°s 67 et 68).

Absolument en dehors des grands ensembles fouillés par la Mission Archéologique Polonaise, en 1966 fut entrepris le sondage ME, au Sud-Est de l'édifice théâtral. Au fond du sondage, dans un contexte du Ier siècle avant n.è., fut trouvé un tronc avec peau d'animal, portant encore des traces de polychromie (cat. n° 98).

LE QUARTIER D'HABITATION

Initiée en 1970 par le sondage R, la fouille du quartier d'habitation fut continuée en tant que sondage W 1 jusqu'en 1981, touchant également du côté Est de la rue R 4.

Le sondage R en 1971–1972 avait un caractère de sauvetage et atteignit rapidement des couches profondes. Aussi la moisson de sculptures fut-elle notable. Dans les couches supérieures furent trouvés des fragments de draperie du IIe siècle (cat. n°s 82 et 89), des fragments de bras du IIIe siècle (cat. n°s 53 et 81) ou même un fragment de coiffure du Ier siècle (cat. n° 35). Enfin, dans la couche datée aux VIe–VIIe siècles, au bas de la maison B, fut trouvée une tête féminine du IIe siècle de n.è. (cat. n° 25).

Il convient aussi de mentionner la trouvaille dans les déchets du sondage R d'un socle avec inscription du Ier siècle (cat. n° 109) aussi bien que d'un socle de buste (cat. n° 108) dans le Nord du sondage R en 1980.

Dans les années 1973–1980, l'exploration du quartier d'habitation romain tardif (sondage W 1) fut minutieuse et riche en fragments de sculpture. Un ensemble assez intéressant est celui de la sculpture égyptienne, allant jusqu'à une main probablement du Nouvel Empire (cat. n° 8), découverte en 1976 dans la partie Sud du sondage au niveau des maisons romaines tardives, en même temps qu'une tête ptolémaïque du IIe siècle avant n.è. (cat. n° 2) et une petite tête d'Osiris (cat. n° 1). Egalement au niveau des maisons, dans la salle C 5, fut dégagé en 1977 un fragment de *naos* ptolémaïque (cat. n° 14). La couche de la nécropole arabe, par contre, avait donné en 1973 une statuette de cynocéphale (cat. n° 13), en 1976 un torse d'Isis (cat. n° 7) et en 1979, dans la partie Nord-Est du sondage, un fragment de couronne pharaonique (cat. n° 3). Une mention à part est due à un fragment de relief égyptien, trouvé en 1976, qui fut remployé dans la nécropole arabe et porte sur l'autre face une inscription funéraire arabe (cat. n° 15).

La partie Sud du secteur W 1 a encore donné en surface un fragment d'animal en 1973 (cat. n° 91), tandis que la couche arabe a fourni une tête féminine très abîmée (cat. n° 27). Bien plus intéressante fut la découverte de sculptures dans la couche attribuée aux VIe–VIIe siècles d'un fragment de couronne du Ier siècle (cat. n° 30) en 1973, en 1974 d'un pied votif du Ier siècle de n.è. (cat. n° 74) et en 1976 d'un bras (cat. n° 55). Avec plus de précision, dans la maison D fut trouvée une main avec sceptre du IIIe siècle (cat. n° 56) et une autre main (cat. n° 65). Enfin, en certains points, l'exploration est descendue plus bas, jusqu'à la couche du IIIe siècle de n.è. Nous y avons trouvé en 1974 un fragment de draperie des IIe–Ier siècles avant n.è. (cat. n° 87), en 1977 un arrière-train d'animal du Ier siècle de n.è. (cat. n° 92) et enfin dans la salle C 4 un fragment de bras du IIe siècle de n.è. (cat. n° 54). Enfin, un autre fragment de bras du Ier siècle avant n.è. (cat. n° 46) provient d'une couche encore plus profonde, de haute époque romaine.

Plus tard, l'exploration se porta dans la partie Nord du sondage W 1, où déjà en surface fut trouvé un arrière-train d'animal (cat. n° 93). Ici la plus riche fut la couche arabe qui, dès 1975, a donné un torse d'Aphrodite des IIe–Ier siècles avant n.è. (cat. n° 39), puis en 1976–1979 deux fragments de diadèmes du Ier siècle de n.è. (cat. n°s 31 et 33), une main (cat. n° 66), un genou (cat. n° 72) et surtout un pied votif du Ier siècle de n.è. (cat. n° 75). L'extrême Nord du sondage W 1, exploré en 1981, a fourni une moisson particulièrement abondante en sculpture. Il convient de citer du IIe siècle de n.è. une tête d'Héraklès (cat. n° 20), une très belle tête féminine (cat. n° 24) et une base avec pied (cat. n° 76). Mais d'autre part, le même terrain a fourni une figure masculine copte (cat. n° 102) et un fragment de bas-relief du VIe–VIIe siècles (cat. n° 103).

Le quartier d'habitation jouxte le bord Est de la rue R 4, le séparant des thermes. Une portion de cette rue fut l'objet de travaux de fouilles en 1979. La couche arabe comportait une grappe de raisin (cat. n° 94), un fragment de bas-relief des IIe–IIIe siècles (cat. n° 96), ainsi qu'une tête féminine du IVe siècle (cat. n° 28).

SECTEUR OUEST

Les travaux ont débuté en ce secteur (sondages Z et U) en 1979 et sont en cours. Son caractère reste encore à préciser, mais il forme incontestablement une entité indépendante, séparée des thermes romains tardifs par le prolongement de la rue « Théâtrale ».

Ce secteur a déjà fourni quelques sculptures, mais il offre des perspectives d'aventr. Pour le moment, nous y avons retrouvé une belle tête d'Alexandre le Grand du IIe siècle avant n.è.(cat. n° 17), un petit buste du Ier siècle de n.è. (cat. n° 42), un autre du IIIe siècle de n.è. (cat. n°41), un bras (cat. n° 52), un avant-bras (cat. n° 51), un fragment de pied de statue colossale du IIe siècle de n.è. (cat. n° 73) et enfin un fragment de relief copte (cat. n° 104).

Dans le prolongement de ce secteur, plus au Nord, fut trouvée en 1973 une base avec pieds d'une statue impériale en porphyre du Ve siècle (cat. n° 77). Probablement un autre fragment de cette statue fut trouvé sur ce site au début du XXe siècle et se trouve aujourd'hui au Musée de Berlin [2]. Toutefois nous ne l'avons pas inclus dans ce catalogue qui ne comporte que les fragments de sculpture découverts par la Mission Archéologique Polonaise en 1960–1982.

Pour les mêmes raisons, nous avons omis la figure féminine, faisant jadis partie d'une fontaine, prétenduement trouvée à Kôm el-Dikka en fin du XIXe siècle et actuellement au Musée Gréco-Romain d'Alexandrie [3] ainsi qu'une statue « du scribe Horus » découverte en 1881 « au pied de Kôm el-Demas » [4].

---

[2] Cf. Z. Kiss, *Une sculpture en porphyre d'Alexandrie*, ET XIII, 1983, pp. 185–192.

[3] Statuette acéphale (haut. 0,50 m) avec conque, trouvée dans les fondations d'une maison « à Kom el Dikkeh », suivant E. Breccia « à gauche du dromos de la Porta Orientalis ». G. Botti, *Le Musée Gréco-Romain d'Alexandrie (1892–1898)*, p. 34 ; G. Botti, *Catalogue du Musée Gréco-Romain*, Alexandrie 1901, p. 157, n° 6.

[4] Botti, *Catalogue*, p. 469.

CARACTÉRISTIQUE ET CHRONOLOGIE DES OBJETS

L'ensemble de sculptures égyptiennes est assez modeste, mais cette impression est relative. En effet, Alexandrie ne posséda jamais que peu de monuments dans le style pharaonique traditionnel. Certains furent amenés d'ailleurs, d'autres furent créés spécialement pour Alexandrie. Mais l'élément égyptien fut toujours en minorité par rapport à l'élément grec et romain.

A Kôm el-Dikka, le seul objet qui semble refléter ces « importations » de sculptures pharaoniques est une main en granit (cat. n° 8) dont le style ferait penser au Nouvel Empire. Il est bien plus difficile de distinguer précisément des objets qui peuvent être de Basse Epoque aussi bien que de la période ptolémaïque. C'est le cas d'un torse féminin d'Isis (cat. n° 7), dont la surface très abîmée laisse deviner un modelé qui peut correspondre aux deux périodes. Il en est de même pour un fragment de naos en granit (cat. n° 14) où l'iconographie est strictement traditionnelle et seul le style très fouillé ferait pencher pour la période ptolémaïque.

Le couvre-chef provenant d'une statue de pharaon est trop abîmé pour trancher s'il s'agit d'un ouvrage de Basse Epoque, ptolémaïque ou même peut-être du Nouvel Empire (cat. n° 3). On est obligé de conserver la même prudence pour la tête d'Osiris en schiste (cat. n° 1) : sa taille infime ne permet pas de considérer le mode d'exécution.

Par contre, nous distinguons des traits plus poussés du style ptolémaïque tardif en un visage masculin de schiste (cat. n° 2) où l'alliage des éléments locaux et grecs est particulier pour le IIe siècle avant n.è. La couronne divine en basalte noir (cat. n° 4) ne se laisse pas définir plus précisément que la période gréco-romaine, tout comme le genou en basalte (cat. n° 11) où uniquement le modelé très plastique trahit un style mixte.

La couronne d'Apis en marbre (cat. n° 5), de sa part, présente un relief très plat et imprécis incitant à dater cet objet aux Ier–IIe siècles de n.è. Le canope en calcaire blanc (cat. n° 12) semble aussi une production locale d'époque romaine. La matière (marbre) et le relief extrêmement plat font aussi placer dans la période romaine le fragment avec un bouquet de fleurs de lotus (cat. n° 15).

Enfin deux fragments de jambe d'une statue masculine de taille réduite (cat. nos 9–10) et un cynocéphale accroupi en granit (cat. n° 13), très abîmé, ne peuvent d'aucune manière être datés avec précision. Comme pour toutes les sculptures de style égyptien à Alexandrie, on doit supposer une datation ptolémaïque ou romaine.

* * *

Dans l'ensemble, bien plus abondant, de sculptures classiques on peut sommairement distinguer deux groupes : les sculptures d'époque ptolémaïque et les sculpture d'époque romaine.

Naturellement, les objets qu'on peut attribuer à l'art du temps des Ptolémées sont moins nombreux, remontant plus haut dans le temps. Peut-être même au début de cette période, au IIIe siècle avant n.è., il convient de dater une tête féminine (cat. n° 23). Le modelé extrêmement moelleux mais en même temps lourd du visage, proche des modèles d'époque classique, inciterait à faire remonter si haut cette tête en marbre.

Nous pensons pouvoir encore placer vers les IIIe–IIe siècles avant n.è. une main (cat. n° 59) en raison du travail sobre du marbre et l'absence de poli.

Le modelé très plastique du visage et l'usage de la polychromie font dater au IIe siècle avant n.è. une tête féminine de déesse ou de reine (cat. n° 22). Le modelé souple du visage, peut-être d'Aphrodite, fait placer dans la même période une tête féminine fragmentaire (cat. n° 26). Le déhanchement classique, les plis collants et leur travail pourtant profond font dater à la même période un torse de Demeter (cat. n° 38). Pour les mêmes raisons de style nous plaçons au IIe siècle avant n.è. un fragment de draperie en marbre sombre (cat. n° 83). Enfin, une petite tête d'Alexandre le Grand, d'un style hellénistique très pur, remonterait aussi au IIe siècle avant n.è. (cat. n° 17).

Avec moins de précision, mais dans la période ptolémaïque tardive (IIe–Ier siècles avant n.è.) il convient de placer certains fragments trouvés à Kôm el-Dikka, en particulier un beau torse d'Aphrodite (cat. n° 39), disposant de nombreux parallèles dans la statuaire de cette période avec le même modelé harmonieux, sans abus du clair-obscur. Le même travail moelleux de la pierre fait dater à cette période une main avec clef (cat. n° 57), ainsi qu'un tronc avec peau (cat. n° 98), comportant encore des restes de polychromie.

Plutôt par le contexte de la trouvaille, est daté aux IIe–Ier siècles avant n.è. un fragment de draperie en basalte (cat. n° 87) aux plis assez raides mais très abîmés.

Egalement suivant le contexte de trouvaille il faut dater haut un fragment de bras (cat, n° 46), mais le rendu habile de l'anatomie et le poli poussé de la surface trahissent plutôt la fin de la période ptolémaïque, vers le Ier siècle avant n.è. Enfin, le contexte archéologique place aussi dans cette période un fragment très réduit d'arrière-train d'animal (cat. n° 92), sur le style duquel on ne peut pourtant rien dire.

* * *

Il est compréhensible que les sculptures d'époque romaine sont plus nombreuses. Celles du Ier siècle de n.è. se trouvent à la charnière de la période ptolémaïque, mais présentant un style légèrement différent. Ainsi le modelé très soigné, mais un peu flou et sans clair-obscur, fait dater à cette période un torse masculin (cat. n° 37). Les mêmes traits stylistiques, mais un poli plus poussé, placent au même moment une main tenant un phallus (cat. n° 56). Un poli très soigné, accompagné d'un modelé moelleux caractérisent encore une autre main (cat. n° 61). Le relief plat, sans clair-obscur, fait également placer au Ier siècle de n.è. un fragment de pied (cat. n° 74). Les plis sans profondeur et plats indiquent une datation similaire pour un fragment de *togatus* (cat. n° 80).

Le style sobre de deux fragments de couronnes de laurier (cat. n°s 30 et 31) permet de dater au Ier siècle ces deux objets. Le modelé net et souple caractérise un fragment de coiffure d'Aphrodite (cat. n° 35). Le travail au ciseau des plis profonds de la draperie prouve la datation similaire d'un petit buste (cat. n° 42). La justesse de l'anatomie et le travail soigné d'un bras d'une statuette d'Aphrodite (cat. n° 47) caractérisent le Ier siècle de n.è. Pour les mêmes raisons nous plaçons dans ce groupe un bras d'une statue de grande taille (cat. n° 49).

Malgré la forte détérioration de la sculpture, le travail superficiel quoiqu'adroit d'un pied votif à Sérapis (cat. n° 75) fait dater l'objet à une période assez haute, Ier–IIe siècles de n.è. On ne peut dater avec plus de précision qu'à la haute période romaine un fragment de draperie au modelé lisse mais assez plat (cat. n° 84).

Mentionnons encore l'existence du socle daté par l'inscription à peu après 16 avant n.è. (cat. n° 109) et celle de la base d'une statue datée entre 169 et 174 de n.è. (cat. n° 110).

Nous plaçons dès le début du IIe siècle une belle tête dionysiaque (cat. n° 24) au modelé ferme, mais avec un usage modéré du foret. Pour les mêmes raisons de style, il convient de placer en cette période une tête d'Héraklès (cat. n° 20). Le visage soigneusement poli et le travail linéaire des yeux, font dater au IIe siècle une autre tête féminine fragmentaire (cat. n° 25). Le travail de la surface fait placer dans la même période un fragment de couronne florale (cat. n° 32). Le style pittoresque avec utilisation des marbres de couleur sous Hadrien pourrait être reflété par un œil pour incrustation en brèche verte (cat. n° 36) et une massue en marbre rouge (cat. n° 100). Le modelé très soigné mais sec, peu fouillé, d'un fragment de pied colossal (cat. n° 73) trahit également le style du IIe siècle de n.è. La même caractéristique se raporte à un pied de statuette sur une base (cat. n° 76).

Le modelé raffiné d'un fragment de draperie, mais avec l'introduction d'un net clair-obscur (cat. n° 82) nous amène à la fin du IIe siècle. Ce style déjà baroque et fouillé se retrouve en un fragment de tête de Sérapis en albâtre (cat. n° 21), ainsi qu'en une patte de lion, peut-être fragment d'un meuble (cat. n° 95).

Un cas particulier est présenté par deux doigts (cat. n°s 67 et 68). Ils ne présentent aucun trait stylistique marquant, mais le contexte de leur trouvaille, sous une rue romaine tardive, incite à les dater avant le IIIe siècle de n.è. Egalement, grâce au contexte de trouvaille sous le niveau d'une maison romaine tardive, on peut dater aux IIe–IIIe siècles de n.è. un fragment de bras (cat. n° 54).

Malgré son mauvais état de conservation,on pourrait dater aux IIe–IIIe siècles un petit fragment d'édicule (cat. n° 79), si notre interprétation est juste et ce serait un fragment de monument mithriaque.

Le travail très soigné et le poli extrême d'un fragment de bras de statuette (cat. n° 48) font placer en fin du IIe– début IIIe siècle de n.è. cet objet. Egalement, l'abondant usage du foret et l'indication des pupilles nous ont fait dater au temps des Sévères une petite tête d'Alexandre le Grand (cat. n° 17). Le large usage du foret et le modelé pathétique d'une tête de Dionysos (cat. n° 19) trahissent également le IIIe siècle. Les longues rainures au foret d'un petit buste de Sérapis (cat. n° 41) découlent du même style. Le travail très sec et linéaire des ongles d'une main tenant un sceptre (cat. n° 58) obéirait aussi au style de cette période. Le large usage du foret pour une autre main (cat. n° 60) trahit également le IIIe siècle. Le même style se retrouve en un fragment de bras avec draperie (cat. n° 81) aux plis très profonds.

En fin du IIIe siècle, le travail devient plus sommaire et schématique, ce sont des traits que nous pensons relever en un fragment de draperie en basalte (cat. n° 85) et un fragment d'aile (cat. n° 97). Ce même schématisme, le traitement décoratif presque abstrait, font dater aussi à la fin du IIIe siècle une tête féminine en *opus sectile* (cat. n° 29).

* * *

L'état de conservation de certaines sculptures ne permet pas de tirer des conclusions plus avancées sur le style ou la datation. Ainsi, pouvons-nous juste attribuer à la période romaine, du fait de son style sommaire et de la matière locale (calcaire), une petite statuette de Niobide (cat. n° 40). De même un fragment de relief avec peut-être un scorpion (cat. n° 84) est trop infime pour préciser la datation. Encore un socle de buste ou de statuette (cat. n° 108) est d'une forme d'époque romaine, mais on ne peut rien dire de plus.

Une prudence encore plus grande est nécessaire pour la datation de fragments trop réduits. L'emploi du marbre et le travail de la surface permettent de ranger ces fragments dans la sculpture classique, mais toute précision serait hasardeuse. Il s'agit de fragments de diadèmes lisses (cat.

n°s 33 et 34), de deux bustes très abîmés (cat. n°s 43 et 44), d'un infime morceau de sein (cat. n° 45). Nous y avons rangé des fragments sans traits marquants de bras (cat. n°s 50–53 et 55), une série de mains aux doigts brisés (cat. n°s 62–66), des fragments de cuisses (cat. n°s 69–71) et de genou (cat. n° 73). Naturellement, nous comptons dans ce groupe des fragments de taille réduite de draperies (cat. n°s 86, 88 et 89). Egalement ce groupe comporte trois fragments d'arrière-trains d'animaux (cat. n°s 91, 93 et 94), enfin une grappe de raisin très abîmée (cat. n° 99). Un fragment de socle (cat. n° 177) est également trop fragmentaire pour proposer une datation.

Cette imprécision est particulièrement regrettable pour une petite tête, sans doute d'Aphrodite (cat. n° 27). Son état de conservation est tel qu'on ne peut pas la dater. Enfin, une très intéressante base avec sabot, en calcaire nummulitique (cat. n° 78) est de valeur et c'est aussi avec regret que nous ne pouvons la situer plus précisément dans la chronologie.

* * *

Déjà un style nouveau se manifeste dans les sculptures du IVe siècle de n.è., s'éloignant de plus en plus des modèles classiques et annonçant soit l'art copte, soit l'art byzantin.

Nous plaçons dans la première moitié du IVe siècle un portrait masculin (cat. n° 18), dont la coiffure et le traitement des yeux rappellent le style constantinien. Malheureusement la sculpture est en très mauvais état. Une tête féminine, aussi très abîmée (cat. n° 29), présente un travail très linéaire, avec des yeux immenses, rappelant déjà l'art copte, ce qui nous incite à la placer au IVe siècle. Egalement le travail schématique et linéaire fait placer à la même période une grenouille en marbre (cat. n° 97), faisant partie d'une fontaine. Etant donné qu'elle fut trouvée dans le secteur des thermes, peut-être faisait-elle partie de la décoration originale de cet édifice.

Une place à part est due à une base en porphyre avec pieds (cat. n° 77). La matière et le style permettent de dater avec précision ce fragment de statue impériale à la seconde moitié du IVe siècle de n.è.

Nous entrons pleinement dans le style copte des Ve–VIe siècles avec une tête fortement géométrisée et fruste (cat. n° 101) et un personnage masculin (cat. n° 102) de style très schématique et linéaire. Enfin, deux fragments de bas-reliefs (cat. n°s 103 et 104) présentent les mêmes caractéristiques de style.

* * *

Il est remarquable que par rapport aux fragments de sculptures romaines des Ier–IIIe siècles, les fragments de période romaine tardive sont bien rares. Pourtant, c'était justement la période dont nous avons de nombreux témoignages dans l'architecture à Kôm el-Dikka, c'est la période d'utilisation des thermes, de l'édifice théâtral et enfin du quartier d'habitation. Il en ressort donc que de cette période d'utilisation nous avons bien peu de témoignages dans la sculpture, tandis que les sculptures plus nombreuses d'époque ptolémaïque et romaine ne peuvent être liées à aucune architecture concrète à Kôm el-Dikka. C'est l'illustration de ce que nous avons dit dans le chapitre précédent sur la correlation purement accidentelle entre les trouvailles de sculpture et la topographie urbaine de cette portion de l'ancienne Alexandrie.

* * *

Comme on sait, après la conquête arabe, le terrain de Kôm el-Dikka perdit son caractère urbain et fut dès le IXe siècle recouvert par des cimetières arabes (sauf les abords de la rue R 4). Aussi, convient-il de ranger également parmi les trouvailles accidentelles, sans aucun lien avec un contexte archéologique, un fragment de bordure en bois (cat. n° 106) du Xe–XIe siècles, ainsi qu'une plaquette en stéatite avec une image de St Cosme (cat. n° 105) des XIIe–XIIIe siècles.

CATALOGUE

SCULPTURES ÉGYPTIENNES

1. *Tête d'Osiris* (figs 1–2)
Inv. n° R/2557/76 (inv. sc. 77)
Schiste gris foncé.
H. 0,044 m; larg. 0,02 m; ép. 0,025 m.
Trouvée le 24 I 1974 dans le sondage R, couche 7.
Etat de conservation : Brisée au niveau du cou, nombreuses éraflures, salie de mortier.

Petite tête maculine en couronne *atef* sous forme de haute mitre flanquée de deux plumes, avec un uraeus dressé sur le devant. Le visage allongé est sommairement indiqué avec un nez droit, de grands yeux, une bouche droite aux lèvres épaisses, le menton rond. Le visage est légèrement dressé et, de ce fait, la couronne inclinée vers l'arrière. Du sommet de la mitre part en ligne droite, à l'oblique de l'axe de la tête, un pilier dorsal de coupe rectangulaire.

Cette tête provient d'une petite statuette du dieu Osiris, caractérisé par le port de la couronne *atef*[1]. En raison de la petite taille de l'objet, le travail est schématique et il est difficile d'en définir les caractéristiques stylistiques. Il s'agit d'un objet de production en série, de Basse Epoque ou de période ptolémaïque.

2. *Tête masculine* (figs 3–4)
Inv. n° W1/2029/74 (inv. sc. 14)
Schiste gris foncé.
H. 0,140 m; larg. 0,068 m.
Trouvée le 24 IV 1974 dans le secteur W 1 Sud, strate 3.
Etat de conservation : Sommet de la tête brisé au niveau des yeux, arrière coupé verticalement sur la ligne des oreilles. Menton, lèvres et nez écrasés, large éclat au sommet de la joue gauche, épiderme disparu en de nombreuses plaques.

Visage d'un homme jeune, coupé au bas du cou. Le visage est ovale, arrondi, les joues molles, bouffies sur le devant. Les yeux sont petits et allongés, avec globe oculaire vide et paupière inférieure gonflée. Le nez est court et large. La lèvre supérieure est disparue, l'inférieure est épaisse et proéminente, le menton rond délimité du cou large par une ride.

La matière locale et les yeux vides pour incrustation découlent de traditions de la sculpture locale. Pourtant le modelé moelleux des joues et la lèvre épaisse trahissent un style influencé par l'art classique qui se manifeste dans le portrait privé égyptien vers le IIe siècle avant n.è. [2]

---

[1] Cf. K. M i c h a ł o w s k i, *L'art de l'ancienne Egypte*, Paris 1968, p. 565.

[2] Cf. p. ex. B. von B o t h m e r, *Egyptian Sculpture of the Late Period, 700 B. C. to A. D. 100*, The Brooklyn Museum 1960, n° 122, figs 304–306.

Auparavant, la facture était très sèche et linéaire, à partir de la période romaine le portrait privé égyptien de tradition locale devient extrêmement schématique et géométrisé [3].

La taille nette de l'arrière de la tête pourrait suggérer l'adjonction d'un couvre-chef développé de type pharaonique (némès? double couronne?). Pourtant l'état du visage ne permet pas d'attribuer plus précisément ce visage à un jeune roi de la dynastie des Ptolémées [4].

Il semble de toute manière incontestable que c'est un portrait, royal ou privé, de style local égyptien hellénisé du IIe siècle avant n.è. proche de certaines sculptures comme une tête de schiste d'Alexandrie, Musée Gréco-Romain 425, ou en marbre, Alexandrie, Musée Gréco-Romain 3511. Nous observons aussi le même modelé des joues bouffies, les lèvres épaisses, en une tête d'Alexandrie, Musée Gréco-Romain 18696, appartenant certainement à un des Ptolémées, représenté en tant que pharaon, comme le prouve un trou de fixation pour la fausse-barbe.

3. *Couronne royale* (figs 5–6)
Inv. nº W1/3236/79 (inv. sc. 95)
Granit noir.
H. 0,265 m; larg. 0,123 m; ép. 0,125 m.
Trouvée le 30 V 1979 dans le secteur W 1 Nord-Est, strate 2.
Etat de conservation: Brisée verticalement sur le devant, côtés du pilier dorsal abîmés, sommet brisé. Nombreuses taches de mortier (l'objet avait servi de matériel de construction dans un mur romain tardif).

Ce fragment très abîmé faisait partie d'une grande statue. Il est resté le sommet du pilier dorsal de coupe en trapèze avec en haut le départ à angle droit du sommet plat d'une haute mitre s'incurvant sur l'arrière de la tête. Du côté gauche, il est resté au bas deux boursouflures transversales terminant la mitre. Le visage du personnage devait être légèrement levé, car la mitre s'incline en oblique vers l'arrière.

Il s'agit incontestablement d'un fragment de statue royale sensiblement de grandeur naturelle. Etant donné l'inclinaison de la tête il s'agit probablement d'une statue debout du souverain marchant. La hauteur du couvre-chef, sa terminaison applatie et son rebord inférieur font penser à la couronne rouge de Basse Egypte [5]. Il est impossible de préciser la datation de cette sculpture. Elle peut aussi bien être d'époque ptolémaïque qu'appartenir à un monument de Basse Epoque ou du Nouvel Empire amené plus tard à Alexandrie.

4. *Couronne divine* (figs 7–8)
Inv. nº SB/577/62 (inv. sc. 4)
Basalte noir.
H. 0,12 m; larg. 0,09 m.
Trouvée en 1962 dans le sondage B.
Etat de conservation : Sommet brisé, arrière cassé en oblique, larges éclats sur le devant de la couronne. Surface inférieure de cassure irrégulière.

La couronne se compose d'un mortier évasé se rehaussant vers l'arrière où il se termine en haut « dorsal ». Sur le devant de cet élément repose, sur le sommet plat de l'avant du mortier, une

---

[3] Cf. H. Drerup, *Ägyptische Bildnisköpfe griechischer und römischer Zeit*, Münster 1950; A. Adriani, *Ritratti dell'Egitto greco-romano*, RM 77, 1970, pp. 72–109.

[4] On pourrait penser surtout à un des Ptolémées tardifs; cf. H. Kyrieleis, *Bildnisse der Ptolemäer*, Berlin 1975, nos H 11–H 15, pls 66–67.

[5] Cf. Michałowski, *op. cit.*, p. 565.

paire de cornes en relief, jointe à la naissance, puis se séparant et formant une lyre. Ces cornes renferment un disque solaire bombé.

La cassure irrégulière au bas du mortier ne permet pas de saisir la hauteur totale du mortier, mais il s'agit incontestablement du haut mortier du dieu Amon, ce qui est confirmé par la présence du disque solaire entre les cornes [6]. L'objet est trop abîmé pour qu'il soit possible de proposer une datation, en dehors du fait que le lieu de trouvaille — Alexandrie — suggère la période gréco-romaine.

5. *Couronne divine* (figs 9–10)
Inv. sc. 56
Marbre blanc à gros grain.
H. 0,16 m ; larg. 0,11 m ; ép. 0,11 m.
Trouvée en 1972 dans la nécropole arabe au Nord-Est des thermes.
Etat de conservation : Côté inférieur droit brisé, sommet usé, surface friable et salie de mortier.

La couronne se compose d'un petit disque solaire surmonté de deux plumes, le tout encadré par une paire de cornes incurvées. Ces éléments sont exécutés en relief plat sur un fond lisse trapézoïdal, avec une échancrure au sommet à la division des plumes, En arrière de cette dalle frontale, la pierre sommairement travaillée forme un tenon de fixation de coupe triangulaire.

Cette couronne est caractéristique pour les représentations du taureau Apis [7]. La surface inférieure, quoiqu'usée, suggérerait un léger redressement de la couronne, visible également sur les images de cette divinité. Le relief extrêmement plat et surtout l'usage du marbre feraient pencher pour une datation aux Ier–IIe siècles de n.è. de ce fragment d'une représentation du dieu Apis.

6. *Torse masculin* (figs 11–13)
Inv. n° M/1085/68 (inv. sc. 34)
Schiste vert foncé.
H. 0,11 m ; long. 0,12 m ; ép. 0,07 m.
Trouvé en avril 1968 sur le terrain de l'édifice théâtral.
Etat de conservation : La tête et les bras sont disparus; le torse est brisé au niveau du ventre, nombreux éclats sur la surface. Au milieu du dos se trouve un large trou arrondi par usure (utilisation ultérieure en guise de mortier ?).

Ce torse faisait partie d'une statue de petite taille. Le thorax est triangulaire, étroit à la taille, avec le muscles pectoraux fortement modelés. Sur les épaules retombent les deux pans à bouts arrondis du némès qui dans le dos se termine en ligne droite au bas de la nuque. Le modelé en arrière est abîmé par le large trou rond. La cassure de la surface sur les côtés du thorax prouve que les bras étaient accolés au corps. Le bout de l'épaule droite est arrondi.

Malgré le modelé souple et respectant la structure du torse, le port du némès prouve incontestablement qu'il s'agit d'une fragment de statue de style égyptien, représentant probablement un souverain. Mais justement le modelé classique de la musculature du torse incite à dater cet objet aux IIe–Ier siècles avant n.è., c'est-à-dire d'y voir un fragment d'image d'un des Ptolémées tardifs.

---

[6] Cf. p. ex. une grande couronne d'Amon provenant d'Anfouchy, A. Adriani, Annuario del Museo Greco-Romano I, 1933–1934, p. 36, figs 8.

[7] Cf. p. ex. le taureau Apis du Musée Gréco-Romain d'Alexandrie 351 ; G. J. F. Kater-Sibbes, M. J. Vermaseren, *Apis I*, Leiden 1975, p. 25, pl. LX, 89.

7. *Torse féminin* (fig. 14)

Inv. n° W1/2605/76 (Inv. sc. 80)

Basalte noir.

H. 0,12 m; larg. 0,12 m; ép. 0,06 m.

Trouvé le 3 VIII 1976 dans le secteur W 1, strate 2A.

Etat de conservation : La tête, les deux avant-bras, l'épaule droite et tout le corps en dessous du ventre sont brisés. Toute la surface est fortement usée (repêché en mer ?).

Ce torse féminin est revêtu d'une robe collante avec au-dessus des seins un nœud (ou peut-être un pendentif rond au cou). Les bras sont collés le long du corps, le fond entre les bras et le torse est plein. La femme a une taille fine, un ventre bombé, des seins proéminents. Sur l'arrière du torse est placé un pilier dorsal.

La robe nouée sur le devant ferait immanquablement penser à une représentation d'Isis [8]. La présence du pilier dorsal et le fond plein entre le torse et les bras trahissent l'origine artistique égyptienne traditionelle de cet objet, car le modelé du torse est nettement classique, moelleux et soigné, malgré l'usure particulièrement avancée de la surface. De ce fait, il semble possible d'attribuer ce torse à une statuette d'Isis d'époque ptolémaïque.

8. *Main* (fig. 15)

Inv. n° W1/1998/74 (Inv. sc. 22)

Granit noir.

Long. 0,15 m; larg. 0,11 m; ép. 0,055. m.

Trouvée le 28 IV 1974 dans le secteur W 1, strate 3.

Etat de conservation : La main est brisée à la naissance des doigts, le pouce est disparu, la pointe des doigts abîmée.

La main est bien à plat, les quatre doigts allongés (le pouce étant absent), de longueur inégale, sans aucune indication des articulations. Les ongles sont courts, de tracé inférieur en lunule. Au-dessus du petit doigt est resté un fragment lisse de la surface sur laquelle reposait la main. L'autre face de l'objet est rugueuse, ce qui prouve que la main reposait sur un autre élément et fut taillée en un même bloc avec le reste de la sculpture.

Comme le prouve l'agencement des doigts, il s'agit d'un fragment de main droite, reposant bien à plat. Le modelé extrêmement conventionnel, avec les doigts cylindriques et sans distinction des phalanges, indique, de même que la pierre utilisée, que ce fragment faisait partie d'un ouvrage de style égyptien pharaonique. Les dimensions prouvent qu'il s'agissait d'une grande statue, probablement assise, avec les mains reposant à plat sur les cuisses [9]. L'absence totale de modelé plastique de cet objet le ferait dater au Nouvel Empire.

9. *Cuisse* (figs 16 et 19)

Inv. sc. 32

Granit noir.

H. 0,11 m; larg. 0,09 m.

Trouvée dans les déchets provenant de divers secteurs.

Etat de conservation : Objet très fragmentaire, brisé horizontalement en haut et en bas, arrière cassé, quelques éclats.

---

[8] Cf. p. ex. la statue d'Isis d'époque romaine à Munich, Staatliche Sammlung Ägyptischer Kunst WAF 26b; D. Wildung, G. Grimm, *Götter-Pharaonen*, Essen 1978, n° 127.

[9] Cf. un excellent exemple sur la statue de Thotmès III de Deir el-Bahari, J. Lipińska, *The Temple of Thutmosis III. Statuary and votive monuments*, Varsovie 1984, n° 1, figs 8–11.

Ce fragment réduit garde l'arrondissement du genou avec l'excroissance de la rotule et en arrière le départ du pli du genou. Au-dessus s'élargit en tronc de cône une portion de la cuisse. La surface est bien polie. Sur un côté de la cuisse se trouve au sommet la cassure d'un élément attenant.

La cuisse a un modelé correct mais sans analyse de la musculature. Le fragment cassé au sommet de la cuisse pourrait être une trace du devanteau d'un pagne égyptien. En ce cas, ce serait un fragment de la jambe gauche. L'arrière rugueux ferait penser que la jambe attenait à un fond plein. Tout ceci ferait interpréter cet objet comme le fragment de la jambe gauche, reculée et attenant au fond, d'une statue de taille réduite, en style égyptien, d'un personnage en marche, vêtu du pagne. Il est naturellement impossible de proposer toute datation d'un fragment si réduit.

10. *Mollet* (figs 17–19)
Inv. sc. 33.
Granit noir.
H. 0,075 m ; ép. 0,06 m.
Trouvé dans les déchets provenant de divers secteurs.
Etat de conservation : Objet très fragmentaire, sommet brisé horizontalement, bas en oblique, arrière disparu.

Le morceau de sculpture est infime. On peut juste constater qu'il est cylindrique, se rétrécissant légèrement à une extrémité. Sur l'arrière est placé le départ d'un « pilier » de soutien.

Il est possible de supposer qu'il s'agit d'un fragment de mollet avec le départ de sa liaison avec le fond de la sculpture. Cette hypothèse peut être renforcée par le fait qu'il s'agit de la même pierre et de la même échelle que le fragment de cuisse (cat. n° 9). On pourrait donc, très hypothétiquement, proposer que les deux fragments appartenaient à la jambe gauche, reculée, d'une petite statue de style égyptien d'un personnage en marche. De même que pour l'objet précédent, il est impossible de se prononcer sur la datation.

11. *Genou* (figs 20–21)
Inv. sc. 69.
Basalte noir.
H. 0,095 m ; larg. 0,088 m ; ép. 0,098 m.
Trouvé dans les déchets provenant de divers secteurs.
Etat de conservation : Objet extrêmement fragmentaire, brisé en haut et en bas de manière irrégulière, quelques craquelures.

L'objet ne comporte plus qu'une surface frontale arrondie, verticalement légèrement incurvée, deux faces latérales un peu applaties et une portion infime d'une face arrière légèrement convexe.

Il semblerait possible de reconnaître ici un genou d'une statue grandeur nature. La matière ferait supposer un ouvrage dans la convention égyptienne et en ce cas ce pourrait être un morceau de la jambe libre avancée d'un personnage en marche. Le modelé plastique du genou ferait penser à l'époque ptolémaïque ou romaine.

12. *Canope* (figs 22–23)
Inv. n° W2/2520/76 (Inv. sc. 75)
Calcaire blanc tendre.
H. 0,177 m ; larg. 0,063 m.
Trouvé en octobre 1975 dans le secteur W 2 (frigidarium), strate 2.

Etat de conservation : Sommet et côté gauche brisés, grands éclats dans la partie inférieure gauche et sur le côté droit, surface très errodée.

Sur une haute base carrée est posé le canope pansu à l'épaule arrondie. Sur le devant repose un large pectoral divisé au milieu par une rainure sous laquelle est placé un naos trapézoïdal à cadre en baguette. La partie supérieure du cadre est pourvue de traits verticaux. A l'intérieur du naos est placé un oiseau de proie, de face (faucon ?), les ailes déployées. A droite du naos, on voit des traces de l'image gravée d'un dieu égyptien debout, à tête animale et tenant une longue canne.

Malgré la forte détérioration de l'objet, il est possible d'y reconnaître une image d'Osiris-Canope [10], dont le meilleur exemple est le canope de Ras el-Soda (Alexandrie, Musée Gréco--Romain 25737), où le plastron est flanqué de deux Harpocrates, situation proche de celle d'un canope d'Athènes, Musée National 7059. Par contre, sur des exemplaires de La Haye, Carnegielaan Museum, et du Vatican [11], à droite du naos est placé Harpocrate, à gauche Isis. En notre cas, la divinité de gauche est disparue et celle de droite semble plutôt avoir une tête animale (Thot ? Anubis ?). Les exemplaires cités sont de bonne qualité, mais il existe aussi des représentations plus modestes en terre cuite [12] ou d'exécution plus sommaire, comme le nôtre, en calcaire, p.ex. Alexandrie, Musée Gréco-Romain 18693. En ce qui concerne la datation de notre objet, son état de détérioration exclut toute analyse stylistique. On peut juste le dater largement à l'époque romaine.

13. *Cynocéphale* (figs 24–25)
Inv. nº W1/1788/73 (Inv. sc. 59)
Granit vert-noir.
H. 0,12 m ; larg. 0,10 m ; ép. 0,095 m.
Trouvé en 1973 dans le secteur W 1, strate 2.
Etat de conservation : Sommet brisé, avec la tête, la patte avant droite et le genou droit, rebord de la base avec les pieds brisés, mains brisées, nombreuses éraflures.

Le cynocéphale est placé sur une mince base carrée. Il est assis, les pattes arrière ramenées et les plantes à plat sur la base. Les pattes avant reposent sur les genoux et les paumes dépassaient sur les mollets. Le penis forme un bourrelet retombant sur le socle. Une ceinture est représentée sur la poitrine. Sur les côtés, la pierre est à peine évidée sous l'aisselle et pratiquement pas sous les genoux. L'arrière-train n'est pas dégagé du socle et l'arrière est rugueux, non travaillé.

Malgré l'absence de la tête, on reconnaît incontestablement une des images de cynocéphales, si courantes en Egypte en tant qu'animal sacré [13]. La fonction de cette petite statue est inconnue. On peut juste affirmer qu'il s'agit d'un ouvrage très schématique et exécuté sans soin. De ce fait, il nous semble impossible de proposer une quelconque datation.

14. *Bas-relief* (fig. 26)
Inv. nº W1/2698/77 (Inv. sc. 85)
Granit gris clair.

---

[10] Cf. dernièrement A. Fouquet, *Quelques représentations d'Osiris-Canope au Musée du Louvre*, BIFAO 73, 1973, pp. 61–70.

[11] Fr. von Bissing, *Das Heilig Bild von Canopos*, BSAC 24, 1929, pp. 39–59, figs. 1–3, 5–6.

[12] E. Weber, *Die aegyptisch-griechischen Terrakoten in Berlin*, Berlin 1914, p. 19, pl. I ; P. Perdrizet, *Terres cuites grecques d'Egypte de la collection Fouquet*, Nancy 1921, pl. XLIX.

[13] Le motif est aussi très courant dans la petite plastique en bronze (p. ex. Alexandrie, Musée Gréco-Romain 1024, 1025, 1030) ou les amulettes en faïence (ibid., 654, 661).

H. 0,325 m ; larg. 0,26 m ; ép. 0,195 m.
Trouvé le 23 II 1977 dans le secteur W 1, salle C 5.
Etat de conservation : Fragment de bloc irrégulier (une seule surface originale), secrétions marines sur la surface.

Il n'est resté que la représentation figurée d'un bras abaissé à gauche, tenant un sceptre *was*; à droite le bras, le coude et l'avant-bras dressé d'un autre personnage. Entre les deux figures sont restés quelques hiéroglyphes d'une inscription verticale.

Ce fragment semble provenir d'une scène d'offrande par un roi, à droite, du vin ou du lait, à une divinité tenant le sceptre. Il est difficile de dire davantage sur la scène, provenant du mur d'un temple ou d'un naos. Le style aussi est difficile à estimer, mais le relief très enfoncé permettrait une datation à l'époque ptolémaïque.

15. *Bas-relief* (fig. 27)
Inv. nº W1/2542/76 (Inv. sc. 110)
Marbre blanc.
H. 0,248 m ; larg. 0,209 m.
Trouvé en octobre 1976 dans le sondage W 1, strate 2.
Etat de conservation : Retaillé : sur la face tranchée stèle funéraire arabe avec inscription cursive et motif floral ; brisé en haut et en bas ; surface éraflée et carbonisée.

Surface incurvée comportant en relief plat et sans modelé quinze tiges en éventail, terminées par des boules plates. Aux tiges sont accollées d'autres boules plus petites en intervalle.

Cette représentation très schématique semble imager un bouquet de fleurs de lotos. La surface incurvée fait supposer que c'est un fragment de fût de colonne (tranché à l'époque arabe et remployé comme stèle funéraire). Une telle décoration des fûts de colonnes est connue dans les temples égyptiens traditionnels [14]. Etant doné la taille de l'objet, la colonne appartenait plutôt à une petite chapelle. Le style extrêmement schématique et plat de la sculpture la ferait dater à la période romaine.

---

[14] Cf. un dessin similaire sur un relief de Karnak, J. Lauffray, *Karnak d'Egypte. Domaine du divin*, Paris 1979, fig. 44.

SCULPTURES CLASSIQUES

I. TÊTES

16. *Tête d'Alexandre le Grand* (figs 28–30)
Inv. nº AW/3828/82 (inv. sc. 115)
Marbre blanc à grain fin.
H. 0,073 m ; larg. 0,05 m ; ép. 0,056 m.
Trouvée le 7 XI 1982 dans le secteur AW, derrière l'abside.
Etat de conservation : Pointe du nez, pointe du menton, arrière de l'occiput brisés. Côté droit de la coiffure rasé. Nombreux éclats sur tout le pourtour de la coiffure et à la base du cou. Surface effacée. Surface inférieure aplatie avec trou de fixation. Sommet du crâne aplati, trou rond.

Le cou est fort. Le visage séparé du cou par une rainure, muscles du cou légèrement modelés. La tête est inclinée vers la droite, le visage légèrement tourné vers la droite. Le visage est ovale, le menton prononcé. La bouche est petite, la lèvre inférieure reculée. Le nez à racine étroite est droit dans le prolongement du front. Les ailes du nez sont indiquées par une incision incurvée. Les grands yeux ont le coin intérieur profondément renfoncé, le coin extérieur profond. Les globes oculaires sont lisses. Le front court présente une ligne des sourcils fortement bombée. Le bout de l'oreille droite, sommaire, dépasse de sous la coiffure.

La chevelure forme une abondante calotte, comme serrée par un diadème. En dessous, des boucles gonflées entourent la calotte, marquées comme une masse tranchée d'incisions sommaires. Sur le devant, les cheveux sont relevés du front, formant au milieu un épi, marqué par un creux profond.

Le trou de fixation au bas du cou indique que cette tête est un fragment de statuette. Le trou au sommet du crâne était certainement destiné à un attribut. La forme du visage, le détour de la tête, la forme de la chevelure retenue par le diadème et surtout l'épi de cheveux prouvent nettement qu'il s'agit d'un portrait d'Alexandre le Grand. On connaît, il est vrai, un schéma de Dioscure avec l'épi de cheveux et la tête surmontée d'une étoile (cf. une terre cuite d'Alexandrie, Musée Gréco-Romain 10061 [15]), mais les images d'Alexandre le Grand avec des attributs sur la tête ne sont non plus rares [16].

---

[15] E. Breccia, *Terrecotte figurate greche et greco-egizie del Museo di Alessandria*, Bergamo 1930, p. 59, nº 230, pl. XXV, 4.

[16] G. Grimm, *Die Vergöttlichung Alexandres des Grossen in Ägypten*, in : *Das Ptolemäische Ägypten*, Mainz 1978, pp. 103–109.

En ce qui concerne la forme du visage, un exemplaire proche est la sculpture d'Alexandrie, Musée Gréco-Romain 28094 [17]. Le profil, avec le nez droit et l'arcade sourcilière bombée est proche d'un portrait d'Alexandre de Tarse à Copenhague, Ny Carlsberg Glypthotek [18]. Toutefois, ici le style est plus moelleux, sans pathétisme excessif et on serait enclin de dater notre objet au IIe siècle avant n.è.

17. *Tête d'Alexandre le Grand* (figs 31–32)
Inv. n° SM/787/64 (inv. sc. 7)
Marbre blanc jaunâtre.
H. 0,10 m ; larg. 0,075 m.
Trouvée le 3 III 1964 dans le sondage M.
Etat de conservation : Brisée obliquement au niveau du cou, nez brisé ainsi que l'extrémité des lèvres et du menton, œil gauche abîmé.

La tête est légèrement inclinée vers la droite. Le visage est ovale, le menton rond, les joues molles. L'œil droit est enfoncé, la paupière inférieure bombée, la supérieure délimitée en haut par un trait. La pupille est indiquée au foret à la limite supérieure de la paupière. L'œil gauche est sommairement travaillé, sans dégagement du globe oculaire et des paupières. Les cheveux forment sur le sommet du crâne une calotte indiquée par des stries ondulées. Le visage est encadré de longues boucles tombantes à partir d'un épi situé au-dessus de l'œil droit. Elles sont gonflées par rapport à la calotte et modelées par des trous ronds au foret. Le côté gauche de la chevelure n'est pas travaillé. Vu ce détail et le travail sommaire de l'œil gauche, il n'est pas exclu que cette tête soit un fragment de relief, très proche de la ronde bosse.

La chevelure abondante, l'épi de cheveux au-dessus de l'œil droit, le visage juvénile, incliné sur l'épaule gauche, nous ont fait interpréter cette tête comme une image d'Alexandre le Grand. Sans revenir sur l'ensemble de la démonstration, rappelons que nous distinguons ici un alliage du visage d'Alexandre le Grand créé par Lysippe et l'imposante crinière du Conquérant rendue avec ampleur par Leochares. C'est une sculpture modeste qui, du point de vue artistique, ne présente rien de marquant. L'abondant usage du foret et l'indication des pupilles au bord supérieur de l'œil incitent à dater l'objet même au temps des Sévères.

Publications : Z. Kiss, *Un nouveau portrait d'Alexandre le Grand*, ET IV, 1970, pp. 120–131, figs 1, 7 et 9 ; K. Michałowski, *Aleksandria*, Warszawa 1970, fig. 2.

18. *Portrait masculin* (figs 33–34)
Inv. n° SM/858/65 (Inv. sc. 8)
Marbre blanc à gros grain.
H. 0,21 m ; larg. 0,145 m.
Trouvé le 22 V 1965 dans le secteur M X Sud, dans les décombres.
Etat de conservation : Toute la surface est extrêmement corrodée. Le nez, la bouche, le menton et les oreilles sont brisés. Marbre friable ; épiderme totalement disparu en dehors du coin des yeux.

La tête est brisée au niveau du cou, assez mince. Elle est massive, le visage est rond, les joues pleines. Les yeux sont très grands, bombés, à fleur de tête, marqués de deux incisions incurvées. Les arêtes sourcilières sont anguleuses à la naissance du nez. Le front est bas. Les cheveux sont

---

[17] A. Ghazal, *Sculptured Heads of Alexander the Great in the Graeco-Roman Museum*, Bull. Fac. of Arts, Univ. of Alexandria XXI, 1968, p. 14, n° 1, figs 1–3.

[18] M. Bieber, *Alexander the Great in Greek and Roman Art*, Chicago 1964, p. 73, figs 92–93.

en masse compacte, formant une calotte descendant bas en arrière. Sur le front, les cheveux forment une frange gonflée dont les pointes des mèches sont légèrement incisées. On peut distinguer une fourche au-dessus de l'œil droit. Le sommet et l'arrière de la chevelure semblent marqués de courtes incisions.

La coiffure typiquement romaine prouve qu'il s'agit d'un portrait masculin. La frange régulière en courtes mèches avec une fourche au-dessus de l'œil pourrait faire penser à la période julio-claudienne. Mais le travail des yeux, pratiquement le seul élément stylistique clair, nous rapproche bien plus du IVe siècle de n.è. Ces très grands yeux, d'exécution linéaire et pratiquement sans modelé, trahissent cette période. Il est fort possible de concilier la coiffure avec une telle datation car nous assistons justement au temps de Constantin à un retour au modèle des portraits impériaux julio-claudiens [19]. L'état de conservation ne permet guère d'établir s'il s'agit ici d'un portrait mpérial ou privé, mais de toute manière il semble possible de la dater dans la première moitié du IVe siècle de n.è.

19. *Tête de Dionysos âgé* (figs 35–37)
Inv. n° W2/3490/80 (Inv. sc. 102)
Marbre blanc grisâtre.
H. 0,123 m ; long. 0,087 m ; larg. 0,078 m.
Trouvée le 8 VI 1980 dans le secteur W 2, strate 2.
Etat de conservation : Brisée au bas du cou ; oreille gauche, nez et lèvre supérieure cassés. Toute la surface est fortement usée et salie de concrétions grises (mortier).

Sur un cou fort, prolongé en arrière par un pilier, la tête est légèrement inclinée, le visage dressé. Le visage est fortement allongé, avec les joues creuses aux pommettes marquées. Sous des arcades sourcilières aiguës mais courtes, les yeux sont grands et bombés. La paupière supérieure est marquée de deux incisions, l'inférieure soulignée par le renfoncement de l'orbite. Les pupilles sont marquées par un point profond situé sous la paupière supérieure. Du bas du nez parteni deux rides profondes en oblique, suivant le tracé de la moustache qui se prolonge en pointes jusqu'à la barbe. La bouche est ouverte, avec les coins élargis, la lèvre inférieure soulignée d'une fossette. La barbe est dense et de coupe arrondie, devançant le visage. Les oreilles sont à moitié dissimulées par la chevelure. Celle-ci se compose d'une calotte plate, comme retenue par un diadème, et autour du visage de longues mèches sinueuses très fouillées au foret, même trouées sur le devant.

Etant donné la taille de l'objet, le pilier en arrière de la nuque et la coupe nette du cou, il n'est pas exclu que cette tête ornait un herme. Le visage âgé, émacié, avec la bouche ouverte en une expression presque pathétique fait reconnaître en cette tête une image de Dionysos âgé, suivant un modèle hellénistique [20]. Toutefois, il n'y a pas de trace de couronne dionysiaque. Certains portraits de philosophes hellénistiques, p.ex. Antisthène, Zénon ou Chrysippe [21], présentent le même réalisme et le même style, mais on ne peut reconnaître aucun trait physionomique particulier. L'éventuelle fonction décorative de l'objet fait aussi pencher pour l'interprétation comme une image de Dionysos âgé. L'exécution de la sculpture avec un clair-obscur fortement pathétique, un large usage du foret, incitent à dater cette sculpture vers la moitié de IIIe siècle de n.è.

---

[19] H. P. L'Orange, *Studien zur Geschichte des spätantiken Porträts*, Oslo 1933, pp. 47–65.

[20] Sur Dionysos âgé, cf. G. Lippold, *Die Skulpturen des Vaticanischen Museums* III, 2, Berlin 1956, pp. 61–62, pls 30–31 ; V. S. M. Scrinari, *Museo Archeologico di Aquileia, Catalogo delle sculture romane*, Roma 1972, n° 117.

[21] G. M. A. Richter, *The Portraits of the Greeks*, London 1965, III, figs 1040–1056, 1084–1105, 1113–1114.

20. *Tête d'Héraklès* (figs 38–39)
Inv. n° W1/3612/81 (Inv. sc. 106)
Marbre blanc jaunâtre à grain fin.
H. 0,146 m ; larg. 0,085 m ; ép. 0,09 m.
Trouvée le 5 III 1981 dans le secteur W 1 Nord, strate 2.
Etat de conservation : Joue et partie droite du front brisées, arrière de la tête coupé en oblique à partir de l'oreille droite, sommet de la tête très usé, nez cassé.

La sculpture représente un homme mûr. Le visage est large et rectangulaire, le front bas, les yeux enfoncés avec les paupières marquées de deux traits et le globe oculaire lisse. La bouche est très enfoncée, la lèvre inférieure courte et retroussée. La lèvre supérieure est cachée par une abondante moustache divisée sous le nez par une profonde rainure et retombant des deux côtés en pointes arquées sur une large barbe abondante travaillée en flocons, percée de quelques trous au foret et avec une profonde division au milieu. Le crâne est rond, chauve ou avec des cheveux très courts effacés. La nuque est arquée et l'arrière sommairement travaillé.

La génèse stylistique de cette sculpture ne pose pas de grands problèmes. Le visage calme et lisse, la forme de la moustache et de la barbe concordent pleinement avec le style grec du Ve siècle avant n.è. Il suffit de comparer avec le visage du devin sur le fronton Est du temple de Zeus à Olympie [22] ou les centaures sur les métopes du Parthénon [23]. Les globes oculaires vides sont aussi caractéristiques pour cette période. Pourtant, si on admet que le personnage est chauve, il conviendrait de chercher parmi les portraits grecs classiques, p. ex. Eschyle [24]. Ces traits pourtant semblent impersonnels et la surface usée du crâne pouvait à l'origine comporter de courts cheveux. Ce trait caractérise, avec le visage large, la barbe abondante séparée au milieu, certaines images d'Héraklès [25]. Etant donné la petite taille de notre sculpture, il nous paraît plus vraisemblable de voir ici une copie réduite d'une image d'Héraklès du Ve siècle avant n.è. En ce qui concerne la date d'exécution de l'objet même, l'usage modéré du foret pourrait indiquer le début du IIe siècle de n.è.

21. *Fragment de tête de Sérapis* (figs 40–42)
Inv. n° SM/892/65 (Inv. sc. 11)
Albâtre jaune veiné.
H. 0,07 m; larg. 0,10 m.
Trouvé en octobre 1965 dans le Théâtre, secteur M X Nord.
Etat de conservation : Restée la partie supérieure de la tête, au-dessus du front. Le *calathos* est disparu, le front et la chevelure sur le devant sont abîmés, de même que le rouleau à la base du *calathos*.

Malgré l'état fragmentaire de la sculpture, on reconnaît le sommet de la tête, le front haut surmonté de mèches sinueuses profondément fouillées et trouées au foret. Sur les côtés et en arrière, la chevelure est en longues mèches sinueuses gravées et légèrement modelées. Sur le sommet de la tête est placé un « rouleau » circulaire abritant un large trou rond, pour la fixation du *calathos*.

Il est aisé de reconnaître ici le reste d'une tête de Sérapis, surmontée du *calathos* caractéristique. Les longs cheveux sur les côtés également sont typiques pour ce dieu. Le mauvais état du front malheureusement ne permet pas de trancher si les cheveux se dressaient en épi ou retombaient

---

[22] J. Charbonneaux, R. Martin, F. Villard, *Grèce classique*, Paris 1969, fig. 131.
[23] *Ibid.*, fig. 158.
[24] Richter, *op. cit.*, II, figs 604–605.
[25] Charbonneaux, Martin, Villard, op. cit., figs 136–137.

en boucles enroulées. Néanmoins, les restes de mèches permettent de pencher pour la première variante, soit qu'il s'agirait d'une représentation de Sérapis du type « classique » modelée sur Zeus [26]. Les représentations de petite taille de Sérapis dans l'albâtre sont très courantes à Alexandrie (p.ex. Musée Gréco-Romain 22158, 23836, 23925, 3383). En particulier un exemplaire d'Alexandrie, Musée Gréco-Romain 23083, nous semble de style très fouillé et proche du nôtre. A. Adriani le date au IIe siècle de n.è. [27]. Pourtant le style extrêmement baroque dans son clair-obscur de cet exemplaire et du nôtre ferait incliner pour la fin du IIe–début du IIIe siècle de n.è.

Publication : M. Pietrzykowski, *Ikonografia przedstawień Sarapisa z wykopalisk polskich na Kom el-Dikka w Aleksandrii*, in : *Starożytna Aleksandria w badaniach polskich*, Warszawa 1977, pp. 120–124, fig. 1.

22. *Tête féminine* (figs 43–45)
Inv. n° SC/562/61 (Inv. sc. 3)
Marbre blanc à grain fin.
H. 0,29 m ; larg. 0,22 m.
Trouvée le 21 IX 1961 dans le secteur C, dans un four des thermes.

Etat de conservation : Arrière de l'occiput brisé, éclats sur la pointe du nez et la joue gauche, polychromie effacée.

Cette tête appartenait à une statue, comme le prouve un trou rond en dessous du cou. Le cou est mince, avec une ride horizontale modelée. La tête est légèrement tournée vers la gauche. Le visage est ovale, le front lisse. Les arcades sourcilières sont aiguës à la base. Les yeux sont grands, le haut de la paupière supérieure marqué d'une rainure, la paupière inférieure renflée. L'iris est marqué en relief et porte des traces de couleur brune. Le nez est droit, assez large, aux ailes arquées. La bouche est très soigneusement modelée. La lèvre supérieure est en double arc avec une pointe au milieu, prolongeant un creux partant du milieu du nez. La lèvre inférieure est renflée et légèrement retroussée, séparée du menton rond par une fossette. Le menton descend en oblique et est séparé du cou par une rainure. Les oreilles sont profondément modelées et détachées de la pierre. La chevelure est plate, en ondes d'un tracé très peu profond. Les ondulations partent du haut du milieu du front, légèrement en oblique vers les oreilles. Sur les tempes, trois ondes demi-circulaires descendent devant les oreilles. L'arrière de la coiffure est à peine marqué et la nuque arquée. Il reste des traces de couleur brun clair sur les cheveux. Le sommet de la tête est légèrement applati, avec un trou rond.

Il est assez difficile d'interpréter cette tête. K. Michałowski proposait hypothétiquement Aphrodite, tandis que J. Lipińska y voyait un portrait. En effet, les yeux très grands, le nez long et droit, la grande bouche pourraient suggérer des traits individuels. Egalement la chevelure très plate, sans apprêts, ne correspondrait guère à Aphrodite. On pourrait juste penser que le trou rond sur le sommet de la tête aplati pouvait servir à fixer un attribut. Mais ce serait le seul indice divin. Nous penchons donc pour un portrait, mais ni le visage ni la coiffure ne correspondent à l'iconographie d'un personnage connu d'une famille régnante, des Ptolémées ou d'une dynastie impériale romaine.

Avec accord, K. Michałowski et J. Lipińska datent la tête au Ier siècle de n.è. Néanmoins, le style de cette sculpture nous semble plus ancien. Le modelé particulièrement plastique du visage, lié à une approche picturale à la chevelure, caractérisent plutôt les œuvres hellénistiques du IIe siècle avant n.è. On peut citer en exemple la tête de Bérénice II du Musée de Mariemont [28], où

[26] W. Hornbostel, *Sarapis*, Leiden 1973, figs 60, 92, 112, etc.

[27] A. Adriani, *Repertorio d'Arte dell'Egitto Greco-Romano*, A II, Palermo 1961, p. 45, n° 164, fig. 261.

[28] R. Tefnin, *Un portrait de la reine Bérénice II trouvé en Egypte*, AntCl XXXVIII, 1969, pp. 89–100 ; Kyrieleis, op. cit., pp. 99–100, K 5, pls 86–87.

l'on observe le même emploi de la polychromie pour souligner les yeux et la chevelure d'un travail sculptural très réduit. L'ouvrage est de très grande qualité, il serait tentant de l'attribuer à une reine de la dynastie des Ptolémées au IIe siècle avant n.è. Toutefois, l'iconographie des reines de cette période est trop incertaine pour toute proposition.

Publications : K. Michałowski, *Archéologie méditerranéenne en Pologne après la seconde guerre mondiale*, ET I, 1966, fig. 8 ; J. Lipińska, *Polish Excavations at Kom el Dikka in Alexandria*, ET I, 1966, p. 192 ; K. Michałowski, *Aleksandria*, Warszawa 1970, fig. 52.

23. *Tête féminine* (figs 46–48)
Inv. n° SK/640/63 (Inv. sc. 6)
Marbre blanc à gros grain.
H. 0,34 m ; larg. 0,15 m.
Trouvée le 29 XI 1963 dans le secteur K, le bassin 4 du caldarium.
Etat de conservation : Sommet et arrière de la tête disparus, cou cassé ; nez, lèvres, menton et œil droit écrasés, oreille gauche brisée ; épiderme abîmé, marbre friable.

La tête est brisée au bas du cou, à la naissance des clavicules, en biais vers l'arrière. Le cou est allongé, avec la fossette entre les clavicules. Le visage est plein, en rectangle arrondi. Le front est haut, les yeux écartés. L'œil gauche est enfoncé, le globe oculaire lisse. La paupière supérieure est mince, soulignée par une ligne, l'inférieure est marquée par un léger renflement. Le départ du nez est dans la ligne du front. La bouche est petite, les coins très rentrés. Le menton est très large, presque gras. De l'oreille droite il n'est resté qu'un trou. Les cheveux sont divisés sur le front formant un triangle, et vont sur les côtés en ondes souples et plates. Sur la nuque, les cheveux descendent bas en masse. L'arrière de la tête est coupé et comporte sur l'occiput un profond trou rectangulaire. Du côté gauche de l'arrière se trouve un petit trou rond et près du haut de l'oreille un petit tenon en fer. Un second trou rond, plus plat, se trouve en arrière à gauche, au niveau de l'œil.

Ces divers trous sur l'arrière de la tête, taillé obliquement, trahissent un système de fixation de la partie arrière de la sculpture, comportant la chevelure. Cette tête est fortement abîmée et devait provenir d'une statue de taille surnaturelle. Le devant de la coiffure est extrêmement proche de nombreuses têtes féminines d'Egypte [29], dont de nombreux exemplaires du Musée Gréco-Romain d'Alexandrie [30]. Le visage est proche, dans sa lourdeur, de nombreuses têtes de déesses du Musée d'Alexandrie [31]. Toutefois, l'état déplorable de la sculpture ne permet pas de trancher l'identité de cette déesse, peut-être proche d'Isis [32]. L'absence de la coiffure et de l'attribut rend toutefois une telle interprétation impossible. Il est également difficile de trancher en ce qui concerne le style et la datation de la sculpture. Pourtant, ce modelé extrêmement moelleux, la lourdeur du visage proche de modèles classiques encore, inclineraient à faire remonter cette sculpture au début de la période ptolémaïque, au IIIe siècle avant n.è.

24. *Tête féminine* (figs 49–51)
Inv. n° W1/3681/81 (Inv. sc. 109)
Marbre blanc à grain fin.
H. 0,14 m ; larg. 0,138 m ; ép. 0,10 m.
Trouvée le 12 V 1981 dans le sondage W 1 Nord.

---

[29] R. Horn, *Hellenistische Köpfe* II, RM 53, 1938, pp. 70–90, pls 11–12.
[30] P. ex. inv. n°s 22188, 3281, 23031, 3260.
[31] P. ex. inv. n°s 23084, 24497, 3263, 3466 ; cf. Adriani, *Repertorio*, A II, p. 41, n° 56, fig. 121.
[32] Cf. Horn, *op. cit.*, pl. 18, 1.

Etat de conservation : Partie supérieure du visage, des yeux au sommet de la tête, est brisée. De même le côté droit de la nuque jusqu'au milieu de la joue est disparu; nez et lèvres écrasés. Recollée de deux morceaux.

Malgré son état fragmentaire, on reconnaît sur cette tête au cou coupé au ras du menton certains détails. Le visage est rectangulaire, la bouche petite aux coins rentrés, l'œil à fleur de tête, les paupières à peine dessinées. L'oreille gauche est à moitié dissimulée par la chevelure. Devant l'oreille, sur la tempe, les cheveux forment une boucle incurvée vers la joue. La chevelure est volumineuse, séparée au sommet de la tête par une raie dont partent sur les côtés des ondes gravées. La tête est ceinte d'une couronne de lierre à la tige tordue et aux feuilles de distribution irrégulière. En dessous de la couronne, les cheveux sont ramenés vers le haut et en arrière en larges bandes. L'arrière du crâne est applati. Au sommet du crâne se trouve un trou rond. Sur le devant du front brisé est placé un trou avec des restes d'un tenon en fer. Egalement des restes d'un tenon en fer se trouvent dans un trou allant en oblique en bas de l'arrière du cou.

La tête est en très mauvais état, pourtant la couronne de lierre permet incontestablement de la lier avec l'iconographie dionysiaque. La coiffure est particulièrement volumineuse, avec des cheveux longs ramenés vers l'arrière en bandeaux. Nous connaissons des têtes de Dionysos jeune en couronne de lierre et aux longs cheveux [33], mais en général flottants. Par contre, ici la coiffure est typiquement féminine et ainsi il est possible de proposer de reconnaître en cette pièce une tête de Ménade. Dès l'Antiquité la sculpture fut réparée, comme le prouvent les deux trous pour des tenons (peut-être le tenon du bas était uniquement de fixation au corps de la sculpture, par contre celui sur le devant du front ne s'explique que comme fixant un morceau réparé). Malgré son état fragmentaire, on peut affirmer que l'exécution de la sculpture était soignée. L'usage modéré du foret dans le travail des bandeaux de cheveux en dessous de la couronne ferait dater cet ouvrage au début du IIe siècle de n.è.

25. *Tête féminine* (figs 52–54)
Inv. n° R/1614/71 (Inv. sc. 9)
Marbre blanc à grain fin.
H. 0,105 m ; larg. 0,103 m ; ép. 0,10 m.
Trouvée le 13 III 1971 dans le sondage R, bas de la maison B.
Etat de conservation : Partie inférieure en dessous du nez brisée ; chevelure et pointe du nez cassés ; éclats sur les arcades sourcilières.

Bien que le bas du visage soit disparu, il semble être ovale et délicat. Le front est lisse, les arcades sourcilières légèrement bombées. Les yeux sont enfoncés, les pupilles circulaires gravées touchant au bord de la paupière supérieure. Celle-ci est marquée de deux profondes lignes prolongées. Le nez est mince et droit, les pommettes saillantes. On voit d'infimes traces de peinture rouge dessinant les paupières, l'œil et l'iris. Les oreilles sont à moitié dissimulées par la masse de la chevelure. On distingue de légères ondulations sur le côté droit de la tête, mais l'ensemble de la chevelure n'est pas travaillé. Sur le sommet de la tête, la pierre est très sommairement travaillée. Le sommet est applati avec des restes d'un tenon métallique au milieu. La surface inférieure de la tête, en dessous de la ligne du nez à la nuque est couverte d'une grosse couche de mortier.

Il est possible de supposer que la chevelure recouvrant les oreilles, avec de faibles ondulations sur le côté, appartient à une femme. Le contraste entre le visage soigneusement poli et l'occiput

---

[33] Cf. une tête d'Alexandrie, du IIe siècle avant n.è., à Londres, British Museum, S. Reinach, *Répertoire de la Statuaire Grecque et Romaine* I, Paris 1930, pl. 203 ; cf. une sculpture éclectique d'époque romaine, W. Hornbostel et alt., *Kunst der Antike. Schätze aus Norddeutschem Privatbesitz*, Mainz 1977, pp. 40–41, n° 27.

rugueux prouve que la chevelure fut travaillée à part en une « perruque » de marbre (fixée par un tenon resté au sommet de la tête) ou modelée en stuc, procédé courant dans l'art alexandrin[34]. Egalement, le mortier sur la surface inférieure trahit une réparation antique. Le manque d'indices physionomiques ou sur la coiffure interdit toute identification plus poussée de cette tête féminine. Le travail des yeux assez linéaire et le mode d'indication de l'iris permettent pourtant de dater cette sculpture au IIe siècle de n.è.

26. *Tête féminine* (figs 55–56)
Inv. nº 0/1714/72 (Inv. sc. 10)
Marbre blanc à grain moyen.
H. 0,13 m; larg. 0,085 m; ép. 0,095 m.
Trouvée le 29 II 1972 dans le sondage 0.
Etat de conservation : Partie supérieure gauche du visage disparue; nez, menton et lèvres écrasés; marbre friable.

Sur un cou mince, la tête est avancée. Le visage est ovale et fin. Les yeux sont en amande, profondément évidés de la pierre. L'arcade sourcilière est brisée. La bouche est petite et molle. Le front est lisse et bas. L'oreille droite est dégagée, les cheveux ondulent sur les tempes. L'arrière de l'occiput est coupé. Au sommet du crâne se trouve un profond trou rond et un second plus petit.

La sculpture est extrêmement abîmée, mais le visage fin avec la bouche petite permet incontestablement de reconnaître ici une femme. La masse des cheveux recouvrant partiellement les oreilles confirme cette interprétation. Ce type de visage et ce type de coiffure pourraient faire pencher pour une image d'Aphrodite. Un élément intéressant ici sont les yeux destinés à l'incrustation. Ce détail ainsi que le modelé souple du visage permettraient de dater la sculpture à la période hellénistique avancée, vers le IIe siècle avant n.è.

27. *Tête féminine* (figs 59–61)
Inv. nº W1/1870/73 (Inv. sc. 13)
Marbre blanc à grain fin.
H. 0,055 m; larg. 0,035 m.
Trouvée le 9 XII 1973 dans le secteur W 1, strate 2.
Etat de conservation : Le nez, la bouche et le menton sont écrasés; éraflures sur les joues et les arcades sourcilières; surface très effacée.

Sur un cou très mince et fin, la tête est légèrement tournée vers la gauche et dressée. Au bas du cou se trouve un profond trou rond conique. Le visage est allongé, le menton triangulaire, la bouche petite. Le coin intérieur des yeux est très profondément enfoncé. Le front est bas et les cheveux ramenés sur le sommet. Egalement sur les côtés et la nuque les cheveux sont ramenés vers le sommet de la tête où ils sont noués au milieu et les extrémités dépassent des deux côtés du nœud.

La tête appartenait à une petite statuette, comme le prouve le trou de fixation au bas du cou. La coiffure avec les cheveux noués au sommet de la tête est caractéristique pour Aphrodite du type Anadyomène. On peut en citer des analogies à Alexandrie, Musée Gréco-Romain 3533, 11083. Ce type de nœud est bien visible sur une autre sculpture de Kôm el-Dikka, cat. nº 31. Etant donné la taille et l'état de la sculpture, toute datation serait trop hasardeuse.

---

[34] Cf. A. Adriani, *Lezioni sull'arte alessandrina*, Napoli 1972, pp. 51–52.

28. *Tête féminine* (figs 57–58)
Inv. n° W1/3308/79 (Inv. sc. 96)
Albâtre blanc.
H. 0,058 m ; larg. 0,048m ; ép. 0,046 m.
Trouvée le 31 VII 1979 dans le secteur W 1–R 4, strate 2.
Etat de conservation : Brisée au ras du menton, sommet de la tête disparu, devant du *modius* coupé ; surface très effacée.

Le visage est très large et joufflu. Les yeux sont grands et allongés. Les paupières supérieures et inférieures marquées de deux lignes prolongées jusqu'à la tempe. Le nez est court et épaté. Le front bas est surmonté de boucles. Au sommet de la tête repose un *modius* en tronc de cône duquel descend un voile recouvrant la nuque et les côtés de la tête.

Malgré son usure extrême, il est facile d'identifier cette tête provenant d'une statuette comme une représentation de Déméter coiffée du *modius* avec un voile [35]. Le travail de cette sculpture est extrêmement fruste, pratiquement sans modelé, très linéaire. Ces caractéristiques stylistiques, ainsi que le rendu des yeux, sont typiques pour la période romaine tardive, à la jointure de l'art copte. Il nous semble donc possible de dater cette tête féminine au IVe siècle de n.è.

29. *Tête féminine* (fig. 62)
Inv. n° SM/921/66 (Inv. sc. 52)
Marbre rose clair.
H. 0,13 m ; larg. 0,065 m ; ép. 0,02 m.
Trouvée en mai 1966 dans le secteur du Théâtre.
Etat de conservation : Epaule gauche brisée ainsi que le bord droit du cou ; nombreuses éraflures.

La tête est fortement tournée vers la gauche. Le cou est allongé et très large, formant la ligne de la tête vue presque de trois-quarts droit. Ainsi, sur la plaque, tout le visage est reporté sur la gauche. Au bas, une ligne incurvée marque le menton. Les sourcils sont froncés : le droit indiqué par une profonde ligne droite, dont un embranchement descend vers le coin intérieur de l'œil ; le gauche est en chevron, touchant à la ligne du contour gauche du nez. L'œil droit en amande est marqué de deux lignes, la pupille percée touche à la paupière supérieure. L'œil gauche est en raccourci, comme exorbité, de deux courts traits incurvés écartés. La pupille gauche touche également à la paupière supérieure. Le nez est indiqué par son contour gauche, touchant à la narine marquée par un point. La narine droite est marquée par un point isolé. La bouche est indiquée par une profonde ligne droite et les coins par deux traits vers le bas. En dessous, une fossette est indiquée par un court trait horizontal. L'oreille droite est marquée par une boucle avec un point au milieu. Au-dessus du front bas, les cheveux sont marqués par trois longues lignes ondulées et cinq lignes courtes.

L'objet ici étudié est une plaque où l'indication du modelé est strictement gravée. Il s'agit d'un élément d'*opus sectile* (en ce sens, ce monument est autant du domaine de la mosaïque que de la sculpture). Probablement cette tête faisait partie d'une plus large composition mythologique qu'il nous est impossible de restituer. Toutefois, on peut observer que ce puissant visage, en un rejet dramatique et avec une expression douloureuse (bouche serrée aux coins tombants, sourcils contractés) correspond avec l'iconographie de Niobé [36]. Le thème des Niobides est fort courant

---

[35] Cf. p. ex. une statue du Caire, Adriani, *Repertorio*, *A* I, p. 34, n° 41, pl. 35, fig. 101.

[36] Cf. la statue de Rome, Museo Nazionale, Charbonneaux, Martin, Villard, *op, cit.*, fig. 191 ; cf. aussi la Niobé de Florence, Museo degli Uffizi, J. Charbonneaux, R. Martin, F. Villard, *Grèce hellénistique*, Paris 1970, fig. 381.

dans l'art antique. L'ouvrage même est d'excellente qualité : l'expression est rendue avec maîtrise en quelques lignes, de même l'indication de la chevelure en quelques traits. Justement ces caractéristiques, ainsi que le mode de représentation des yeux, enfin le traitement décoratif presque abstrait de l'oreille droite devraient dater cet élément d'*opus sectile* à la fin du IIIe siècle de n.è.

Publications : K. Michałowski, *Les contacts culturels dans le monde méditerranéen*, in : *Livre du Centenaire de l'Institut Français d'Archéologie Orientale*, Le Caire 1980, pl. XLVI,B (Tête masculine).

II. COURONNES

30. *Fragment de couronne* (fig. 65)
Inv. n° W1/1904/74 (Inv. sc. 58)
Marbre gris clair.
Long. 0,14 m ; larg. 0,055 m.
Trouvé le 17 III 1974 dans le secteur W 1, strate 3.
Etat de conservation : Extrémité latérale et partie du devant brisés.

L'objet est légèrement incurvé. D'un côté sont restées deux paires de feuilles imbriquées, les pointes dirigées vers un médaillon rond. De l'autre côté du médaillon se trouvent les pointes d'une paire de feuilles antithétique. Au-dessus de la double paire est restée une portion d'un renflement lisse. En dessous du médaillon est dirigé vers l'arrière un tenon trapézoïdal. L'arrière de l'objet est de coupe triangulaire avec de longues rainures sommaires.

Il s'agit incontestablement de la partie centrale d'une couronne de laurier avec un médaillon au milieu. Il est resté un peu plus du côté droit de la couronne, qui était principalement un attribut impérial romain [37]. Le tenon central et les rainures en arrière témoignent de la destination de cette couronne à être insérée sur une statue de grandeur naturelle d'un Empereur. Le travail de la sculpture est assez sommaire, les feuilles sont sans modelé plus profond. Il est peut-être possible de voir en ce style sobre un élément de datation au Ier siècle de n.è.

31. Fragment de couronne (fig. 66)
Inv. sc. 83
Marbre blanc à grain fin.
Long. 0,085 m ; larg. 0,04 m.
Trouvé en 1976 dans le secteur W 1, strate 2.
Etat de conservation : Les deux extrémités sont brisées ; les rebords supérieur et inférieur sont effrités.

La portion incurvée présente uniquement des rainures de développement triangulaire incurvées en alternance vers les deux rebords. La bande centrale est lisse. Le derrière de l'objet est de coupe triangulaire.

L'agencement de l'arrière de l'objet ne laisse aucun doute qu'il s'agit ici également d'un fragment de couronne de laurier à insérer sur un portrait, probablement impérial. Suivant la direction des feuilles, il s'agit ici d'une portion du côté gauche de la couronne. Le style de cet objet est proche de celui du précédent, quoique l'exécution soit moins soignée, aussi peut-on tenter de la dater au Ier siècle de n.è.

---

[37] Cf. p. ex. les portraits d'Hadrien de Hierapytna, M. Wegner, *Hadrian*, Berlin 1956, pl. 13, ou d'Olympie, *ibid.*, pl. 25.

32. *Fragment de couronne* (fig. 67)
Inv. sc. 57
Marbre blanc gris.
Long. 0,075 m ; larg. 0,04 m.
Trouvé en 1973 dans les déchets provenant de divers secteurs.
Etat de conservation : Les deux extrémités sont brisées.

Il n'est resté qu'une portion incurvée de la sculpture composée de deux fleurs imbriquées et du départ d'une troisième. Les deux fleurs, ou plutôt des boutons, se composent de pétales lancéolées fermées. Sur l'arrière, la pierre est taillée en un triangle oblique et comporte encore une excroissance pour la fixation.

Le mode de fixation trahit un fragment de couronne composée de boutons de fleurs imbriqués. Elle est similaire à celle que nous observons à Alexandrie, Museé Gréco-Romain 21235 [38]. Les intervalles entre les pointes des pétales sont très profondément travaillés et il semblerait que cette sculpture est à dater au IIe siècle de n.è.

33. *Fragment de diadème*
Inv. sc. 91
Marbre blanc à grain fin.
Long. 0,043 m ; Ep. 0,024 m.
Trouvé en 1977 dans le secteur W 1, strate 2.
Etat de conservation : Les deux extrémités sont brisées.

On distingue uniquement un fragment de diadème arrondi qui s'élargit vers le milieu, où en arrière se trouve un coin de fixation grossièrement taillé.

Il s'agit incontestablement de la partie centrale d'un diadème féminin de type courant pour de nombreuses représentations de déesses. Naturellement, il est impossible de dater un fragment si infime de la sculpture.

34. *Fragment de diadème* (fig. 68)
Inv. n° W2/3505/80 (Inv. sc. 104)
Marbre blanc grisâtre.
Long. 0,128 m ; larg. 0,036 m ; ép. 0,039 m.
Trouvé le 21 VI 1980 dans le secteur W 2, strate 2.
Etat de conservation : Les deux extrémités sont brisées.

De nouveau, nous avons ici une portion incurvée, avec une surface lisse s'élargissant, légèrement distordue. En dessous se trouve une petite lisière lisse. L'arrière est de coupe triangulaire avec des rainures sommaires. En la partie large on voit le départ d'un tenon en pierre.

Il semble que ce tenon fixait la partie centrale de la sculpture qui est également un diadème féminin, dressé comme le prouve la distorsion de la surface lisse. Le travail de l'arrière indique aussi que ce diadème ornait la tête d'une sculpture. Toute datation est impossible.

35. *Fragment de coiffure* (fig. 63)
Inv. n° R/1610/71 (Inv. sc. 53)
Albâtre blanc crème.
H. 0,065 m ; larg. 0,035 m. ; ép. 0,02 m.
Trouvé le 16 II 1971 dans le sondage R.

---

[38] A d r i a n i, *Repertorio*, *A* I, p. 40, n° 57, pl. 41, fig. 122

Etat de conservation : Angle gauche brisé ; surfaces inférieure et arrière retaillées(?).

La coiffure est à deux niveaux. Au bas, d'un point central vont sur les deux côtés des mèches longues dont les bouts s'incurvent. De la surface supérieure de ces mèches émergent au milieu une série de mèches enroulées vers l'arrière, avec un rétrécissement au centre. Derrière ces cheveux, la sculpture est taillée verticalement, tandis qu'en dessous une surface horizontale, également taillée, forme angle droit.

Ce type de coiffure féminine est bien connu sur des images d'Aphrodite, en particulier du type Anadyomène [39], comme p. ex. la sculpture d'Alexandrie, Musée Gréco-Romain 16440. La coupure de cette chevelure pose des problèmes. On pourrait penser à un postiche à fixer sur une statuette. Mais on ne voit aucun mode de fixation et d'autre part, la taille des mèches près du rebord inférieur semble arbitraire et accidentelle. Il est donc plus probable que ce fragment fut découpé d'une statuette. Le modelé très habile et soigné de la chevelure, sans excès de clair-obscur mais avec netteté, pourrait faire dater cette sculpture au Ier siècle de n.è.

36. *Oeil* (fig. 64)
Inv. n° SM/1016/67 (Inv. sc. 68)
Brèche verte à taches noires.
Long. 0,031 m ; haut. 0,013 m.
Trouvé le 11 II 1967 dans le secteur M, au Sud du Théâtre.
Etat de conservation : Rebord de la pupille brisé ; extrémité arrière brisée.

L'objet est de forme conique, à coupe en amande. La surface de la base est bombée, avec une grande cavité circulaire occupant presque toute la largeur de l'amande. Sur une des extrémités latérales une profonde incision part en oblique. Toute la surface est polie, en dehors du fond de la cavité circulaire.

L'interprétation de cet objet ne pose pas de problème : c'est un œil destiné à être inséré dans une effigie. La cavité ronde devait abriter l'iris en une autre pierre ou en pâte de verre. Ce type de travail des yeux était courant dans la statuaire en bronze, mais se trouve également pour les sculptures en pierre (cf. ici même la tête de femme. cat. n° 25). Toutefois, l'usage existait aussi bien dans la statuaire égyptienne traditionnelle que dans l'art classique. M. Rodziewicz date cet objet à la période ptolémaïque. Néanmoins, le rendu de la cornée en une pierre verte semble découler de tendances baroques dans la scuplture, propres à la moitié du IIe siècle de n.è. [40]. Aussi, c'est la période à laquelle il conviendrait de dater cet élément d'une sculpture polychrome en pierre, ou en bronze (bien qu'en ce dernier cas on recourait plus couramment à la pâte de verre).

Publications : M. Rodziewicz, *Stratigraphie du sondage M XVI, 1 dans la partie Sud de Kôm el-Dikka (Alexandrie)*, ET III, Varsovie 1969, p. 144, fig. 4, d.

III. TORSES

37. *Torse de Hermès* (figs 69–70)
Inv. n° SG/629/63 (Inv. sc. a2)
Marbre blanc gris à gros grain.
H. 0,32 m ; larg. 0,35 m.

---

[39] Cf. A. Delivorrias, *Aphrodite*, LIMC II, Zürich-München 1984, pp. 54–57, pls 40–43.
[40] Cf. J. M. Toynbee, *The Hadrianic School*, Cambridge 1934.

Trouvé en mai 1963 dans le sondage G, sous une maison arabe.

Etat de conservation : Tête, bras droit, épaule gauche, main gauche et bas du corps en dessous de l'aine disparus ; nombreux éclats et taches sur toute la surface ; épiderme fortement usé.

Cette sculpture ne comporte pratiquement plus que le tronc du personnage nu, vêtu d'une chlamyde. Le torse est allongé, le muscle du sein droit modelé, la taille est resserrée. Sur les hanches, les muscles forment des bourrelets excroissants. Le départ du cou est mince. L'avant-bras droit, nu, était accolé au flanc. La chlamyde, agrafée sur l'épaule droite par une fibule ronde, recouvre le sein gauche et le bras gauche. Elle est largement ouverte sur le cou, formant une échancrure en angle ouvert et des plis triangulaires sur l'épaule gauche. Quelques plis à peine marqués sont formés sur le sein gauche. Le rebord est marqué par des plis plus profonds. Le pan de la chlamyde était retroussé sur l'avant-bras gauche s'écartant du corps et soutenant un caducée très effacé dont il n'est resté que le sommet bombé et quelques traces incurvées des serpents. En arrière, le pan de la chlamyde retombait plus bas que les hanches. L'arrière de la sculpture n'est pas travaillé.

Le fragment appartenait probablement à une statue en pied de taille en dessous de la naturelle. Le personnage portrait uniquement la chlamyde et, en l'absence de la tête, c'est le seul élément avec le caducée qui permettrait d'identifier le personnage. La figure du jeune homme avec la chlamyde rejetée sur l'épaule gauche est d'un modèle lysipéen bien connu, cf. p.ex. une statue d'Alexandrie, Musée Gréco-Romain 3880 [41]. Il est courant pour des représentations de Hermès [42], aussi J. Lipińska l'avait -elle attribué à une image de ce dieu. Les dimensions de la sculpture et son arrière non travaillé feraient supposer qu'elle pouvait être destinée à décorer une niche. Malgré l'épiderme fortement usé, on reconnaît un modelé très soigné, sans excès de clair-obscur, en particulier dans le rendu de la draperie. J. Lipińska datait l'ouvrage au IIe siècle de n.è. ; il nous semble plus logique d'en reculer l'exécution jusqu'au Ier siècle de n.è.

Publications : J. Lipińska, *Polish Excavations at Kôm el-Dikka in Alexandria*, ET I, Varsovie 1966, p. 192, fig. 7.

38. *Torse de Demeter* (fig. 71)

Inv. n° SA/595/62 (Inv. sc. a1)

Marbre blanc à grain fin.

H. 0,62 m ; larg. 0,27 m.

Trouvé en 1962 dans le sondage A.

Etat de conservation : Tête et jambes au-dessous des genoux disparus ; bras gauche, mains gauche et droite, genou gauche brisés ; nombreux éclats sur les angles de la draperie.

Il est resté tout le corps, sans les mollets et les mains, de la statue, malheureusement dépourvue de tête. La statue d'une femme est debout et déhanchée, la jambe gauche avancée. Le bras droit pend le long du corps, tenant un attribut brisé. Le bras gauche, enveloppé dans le manteau, est plié au coude, et la main ramenée sur le sein gauche. La femme est vêtue d'une longue robe collante, agrafée sur l'épaule droite per une fibule ronde. Ainsi le bras droit est nu, tandis que le pan arrière est enroulé autour de l'avant-bras. L'encolure est marquée par deux plis aigus. De l'épaule droite quelques plis obliques vont vers le sein gauche. De sous le sein droit part un ample pli triangulaire vers la cuisse gauche. Le tissu moule le flanc droit avec le renflement de la hanche, dont part un pli vertical excroissant le long de la cuisse droite et un double pli très profond va vers le genou gauche. Entre les genoux, la draperie est profondément fouillée. Le bras gauche,

---

[41] A. Adriani, *Sculture monumentali del Museo Greco-Romano di Alessandria*, Palermo 1956, pp. 27–30.

[42] H. Sichtermann, *Hermes*, EAA IV, Roma 1961, p. 7.

plié, est complètement enveloppé par la robe. Seule en émerge la main brisée. Sous le coude se forment de très profonds plis arrondis. L'arrière de la statue est très schématiquement travaillé. Dans le cou est placé un trou rond pour la fixation de la tête de la sculpture.

La ligne du flanc droit et le vêtement long agrafé sur l'épaule trahissent incontestablement une figure féminine. Néanmoins, peut-être en raison de la poitrine peu marquée, J. Lipińska y voyait une image d'Hermaphrodite. Cette interprétation noue semble exclue. Le même type de vêtement et d'exécution est présenté p. ex. par une statue de Demeter à Alexandrie, Musée Gréco-Romain 24011. L'attribut tenu dans la main droite peut être une gerbe d'épis, mais l'absence de la tête ne permet pas d'identifier définitivement le personnage représenté. De toute manière, le déhanchement de la figure est dans la tradition classique tardive, de même que le tissu de la robe extrêmement collant et épousant bien l'anatomie. Le travail de la sculpture est d'excellente qualité, les plis de la draperie composés avec soin. J. Lipińska datait cet objet à la période hellénistique tardive. En effet, le travail profond des plis entre les jambes et sous le coude gauche inciterait à dater cette sculpture au IIe siècle avant n.è.

Publications : J. Lipińska, *Polish Excavations at Kom el Dikka in Alexandria*, ET I, Varsovie 1966, p. 192.

39. *Torse d'Aphrodite* (figs 72–73)
Inv. n° W1/2349/75 (Inv. sc. 71)
Marbre blanc à grain fin.
H. 0,29 m ; larg. 0,134 m ; ép. 0,093 m.
Trouvé le 15 V 1975 dans le secteur W 1 Nord, strate 2.
Etat de conservation : Sommet du corps, avec la tête, les bras et le thorax disparus ; cassure oblique de la hanche droite au sein gauche ; jambes brisées au-dessus des genoux ; grands éclats sur les fesses, moindres sur le flanc gauche et la cuisse droite ; taches de mortier sur les côtés.

La sculpture a gardé la majeure partie du corps nu d'une femme debout. La taille est marquée et les hanches arrondies. Le ventre est légèrement bombé avec le renfoncement du nombril. La cuisse gauche, élancée, est légèrement avanceé. Sur le côté extérieur de la cuisse droite, une excroissance du marbre est brisée. En suivant le mouvement des jambes, le torse est légèrement incliné vers la gauche. Le dos, les fesses et l'arrière des cuisses sont aussi soigneusement modelés.

Malgré l'état fragmentaire de la sculpture, la disparition de la tête et de l'attribut accolé à la jambe droite, il n'est pas difficile d'identifier cette statue. Il s'agit d'une représentation d'Aphrodite Anadyomène, dont il existe de nombreux exemplaires en Egypte. Les analogies les plus proches semblent fournies par une statuette d'Alexandrie, Musée Gréco-Romain 17045 ou une autre du même musée, 3428 [43], ou enfin une troisième du Musée du Caire [44]. La déesse était toujours représentée nue, une jambe avancée, un bras levé, ce qui explique la torsion du buste. Contre sa cuisse le plus souvent reposait une draperie, comme sur la sculpture d'Alexandrie, Musée Gréco-Romain 3444 [45], on connaît aussi des exemplaires où contre la jambe se dresse un socle [46]. En ce qui concerne le niveau artistique de la scuplture de Kôm el-Dikka, elle est de bonne qualité. Le modelé du ventre et des cuisses est très harmonieux, le travail de la pierre est sans excès. Aussi, proposons nous de dater cet ouvrage aux IIe–Ier siècles avant n.è.

---

[43] Adriani, *Repertorio*, *A* II. p. 21, n° 78, fig. 154 ; p. 26, n° 100, fig. 177.
[44] Adriani, *Repertorio*, A II, p. 23, n° 85, pl. 55, fig. 162.
[45] Adriani, *Repertorio*, A II, p. 23, n° 84, pl. 54, fig. 160 (= p. 24, n° 90, pl. 56, fig. 167).
[46] Cf. W. Pfau, in : *Kunst der Antike. Schätze aus Norddeutschem Privatbesitz*, Mainz 1977, pp. 42–43, n° 29.

40. *Niobide* (figs 74–75)
Inv. n° AS/2095/74 (Inv. sc. 60)
Calcaire blanc poreux.
H. 0,058 m; larg. 0,048 m.
Trouvé en 1974 parmi les débris provenant du sondage A Sud.
Etat de conservation : Tête, bras, jambe droite et pied gauche disparus ; surface très poreuse et friable.

Sur une petite base plate est placé un personnage assis à terre, le torse tendu vers sa gauche, la jambe gauche pliée vers sa droite, la jambe droite brisée au ras de l'aine. Le torse est large avec la poitrine modelée et un ventre bombé avec un nombril grand et profond. Le départ du bras gauche est dirigé vers le bas. La jambe gauche présente une cuisse plate en grand raccourci. Le mollet gauche, horizontal, est démesurément long, mince et cylindrique. Sur l'arrière du personnage, une draperie indiquée par cinq traits obliques, va de l'épaule gauche vers la hanche droite,

Cette petite statuette présente un personnage en une position bien particulière : assis sur le sol, la jambe gauche pliée, probablement la droite étendue, le corps penché vers sa gauche et appuyé au sol sur son bras gauche tendu. C'est une position très proche de celle d'un des Galates vaincus du monument d'Attale I [47]. Toutefois le Galate est complètement nu, tandis qu'ici nettement est indiquée une draperie qui glisse en arrière de l'épaule gauche, passe par la hanche droite et probablement recouvrait la cuisse droite. Cette position et ce type de draperie conviennent bien mieux à un des Niobides blessés du fameux groupe [48]. Notre exemplaire, de petite taille, est en une pierre locale de qualité médiocre. Egalement l'exécution est maladroite: le ventre trop gonflé, le mollet gauche fluet et cylindrique, la draperie gravée de quelques traits sans modelé. Cela ne permet malheureusement aucune datation précise, en penchant toutefois plutôt pour la période romaine.

41. *Buste* (figs 76–77)
Inv. n° U/3792/82 (Inv. sc. 112)
Marbre blanc à grain fin.
H. 0,105 m; larg. 0,13 m; ép. 0,065 m.
Trouvé le 17 I 1982 dans le secteur U, strate 4.
Etat de conservation : Tête brisée au ras du cou, bas brisé en oblique ; surface très usée, taches roses en surface.

Le buste (sans tête) est coupé à la fin des épaules et en dessous des seins. Il repose sur un globe à la face frontale arrondie, sommaire, à peine séparé du buste. Celui-ci est entièrement drapé. Sur le côté gauche, les plis sont plats et linéaires, tandis que sur l'épaule droite le pan du vêtement est épais et creusé de plusieurs lignes profondes au foret. Sur l'encolure, des plis en U sont sommairement modelés. Au départ du cou, le renfoncement de la gorge est modelé. Au milieu de la cassure du cou est placé un tenon en fer corrodé. L'arrière est sommairement travaillé. Le marbre est aminci en oblique derrière les épaules, au milieu un pilier de soutien de coupe en trapèze est visible.

Ce buste de petite taille a nettement un caractère votif. Très souvent, sur un globe est placé, le buste de Sérapis [49], cf. p. ex. une sculpture dans le jardin du Musée Gréco-Romain d'Alexan-

---

[47] R. Wenning, *Die Galater Anatheme Attalos I*, Berlin 1978, p. 2, pl. 2.

[48] Cf. le Niobide de Copenhague, Ny Carlsberg Glyptothek I. N. 2749; F. Poulsen, *Catalogue of Ancient Sculpture in the Ny Carlsberg Glyptotek*, Copenhagen 1951, pp. 271–272, n° 399a.

[49] Hornbostel, *Sarapis*, figs 248–253.

drie. Aussi le costume convient parfaitement à ce dieu, cf. p.ex. les sculptures d'Alexandrie, Musée Gréco-Romain 3915 et 22189. Mais en l'absence de la tête on peut juste proposer de reconnaître ici un petit buste votif de Sérapis. Le travail est assez négligé, toutefois l'usage du foret dans le travail des plis sur l'épaule droite en longues rainures ferait dater cette sculpture, dans le cadre découlant de la stratigraphie, au IIIe siècle de n.è.

42. *Buste* (figs. 78–79)
Inv. n° SU/3797/82 (Inv. sc. 113)
Marbre blanc grisâtre à grain fin.
H. 0,125 m ; larg. 0,09 m ; ép. 0,045 m.
Trouvé le 18 II 1982 dans le secteur U, strate 4, en dessous de la nécropole inférieure.
Etat de conservation : Tête et côté droit disparus, flanc gauche brisé ; recollé de 3 morceaux ; marbre friable et éclaté.

Buste très applati, coupé aux épaules et sous les seins. Sur le devant les plis sont soigneusement modelés, mais plats, l'échancrure est pointue. Sur le côté gauche, la pan du manteau est plus renflé avec des rainures verticales au ciseau. Le vêtement forme sur la nuque un bourrelet plissé. Derrière le buste, la pierre est amincie en oblique avec au milieu un soutien de coupe trapézoïdale évasé vers le haut. La surface de brisure du cou est très étendue.

Suivant l'angle formé par le buste et la position supposée de la tête, celle-ci était fortement avancée et la poitrine bombée. Dans ses grandes lignes, la draperie rappelle le buste précédent, mais aucun indice ne permet de supposer qu'il s'agisse de Sérapis, sauf encore la taille réduite de la sculpture. Le modelé des plis est plastique, le tracé des plis profonds exécuté au ciseau, aussi est-il possible de dater cette sculpture vers le Ier siècle de n.è.

43. *Buste* (fig. 80)
Inv. n° 68/1708/72 (Inv. sc. 35)
Marbre blanc à gros grain.
H. 0,14 m ; larg. 0,24 m ; ép. 0,12 m.
Trouvé dans le secteur « 68 » centre, couche A, le 15 XII 1971.
Etat de conservation : Brisé au bas du cou et au niveau de la poitrine ; bras gauche brisé ; bras droit brisé au niveau du biceps ; surface abîmée en dehors d'une portion du dos et du bras droit.

Il est resté peu de chose de cette sculpture. On peut uniquement observer le flanc droit près de l'aisselle et le départ du bras droit légèrement avancé.

Etant donné le départ du bras, il s'agit plutôt d'un fragment de statue que de buste. Le dos large et le bras nu sembleraient indiquer qu'il s'agit d'un personnage masculin. Sur la base d'une si infime portion de la sculpture originelle, il est impossible de dire quoi que ce soit sur le style et la datation de cet objet.

44. *Buste* (figs 81–82)
Inv. n° 0/1063/67 (Inv. sc. 36)
Marbre blanc à grain moyen.
H. 0,105 m ; larg. 0,18 m.
Trouvé le 21 XII 1967 dans le sondage O, section N.
Etat de conservation : Tête disparue, rebords du buste brisés ; surface très friable.

Le buste est dépourvu de tête. Le cou est épais, marqué sur le devant d'une légère ride horizontale. Le départ des épaules est arrondi. Sous le cou un renfoncement très profond est marqué au milieu. En dessous, le thorax est fortement bombé. En arrière, le départ du dos est très peu incurvé.

Il est resté peu de chose de ce buste de taille en dessous du naturel. Il semble, en raison de l'épaisseur du cou et le fort départ du thorax, que c'est un fragment de buste masculin.

Publications : W. K o ł ą t a j, *Les fouilles polonaises à Kôm el-Dikka (Alexandrie) en 1968 et 1969*, ET VI, Varsovie 1972, p. 152.

45. *Sein* (fig. 83)
Inv. n° W2/2521/76 (Inv. sc. 76)
Marbre blanc à grain fin.
H. 0,038 m ; larg. 0,068 m.
Trouvé en octobre 1975 dans le secteur W 2 (frigidarium), strate 2.
Etat de conservation : Pointe brisée ; rebords abîmés.

Le fragment est de base arrondie et de forme globulaire. Au sommet, la surface est brisée. Le dessous est horizontal, avec un trou rond pour fixation.

La sculpture est assez surprenante. Pourtant la forme et la pointe écrasée sembleraient suggérer un sein féminin. D'autre part, le trou de fixation en dessous prouverait qu'il peut s'agir d'un élément de réparation d'une statue féminine antique.

IV. BRAS

46. *Bras* (figs 84–85)
Inv. n° W1/2690/77 (Inv. sc. 84)
Marbre blanc gris veiné.
Long. 0,155 m; diam. 0,055 m.
Trouvé le 9 II 1977 dans le secteur W 1 Est, strate 5.
Etat de conservation : Brisé au niveau de l'attache de l'épaule et vers la moitié de l'avant-bras.

Le bras est étendu, légèrement plié à la jointure du coude. Le biceps est arrondi tandis que l'avant-bras est légèrement aplati et avec un renflement du côté gauche.

Ce rendu très soigneux de la structure anatomique de l'avant-bras permet de reconnaitre ici un bras gauche et, en raison de la musculature, masculin. On ne peut rien déduire sur la position du bras et donc sur la composition de la statuette dont il provient. Malgré la taille réduite, le poli de la surface et le rendu très habile permettent de dater cet objet vers le Ier siècle avant n.è.

47. *Bras* (figs 86–87)
Inv. n° W2/2519/76 (Inv. sc. 74)
Marbre blanc à grain fin.
H. 0,074 m ; long. 0,074 m ; ép. 0,042 m.
Trouvé en mars 1976 dans le secteur W 2, strate 2.
Etat de conservation : Brisé au niveau de l'attache de l'épaule et à la hauteur du poignet ; sur une face, élément touchant au bras brisé.

Le bras est fortement plié à l'articulation du coude, formant d'un côté, au-dessus du coude, un renflement. Le bras est rond. Sur une face, un élément accolé au bras est brisé et excroit à peine. Le pli intérieur du coude est marqué d'un trait profond. L'avant-bras est arrondi et s'amincit vers le poignet.

Le trait anatomique du renflement au-dessus de l'articulation du coude permet de reconnaître ici un bras gauche de femme, car la chair est marquée sans tendons et sans muscles nets. Ce bras fortement plié pourrait être attribué à une statuette d'Aphrodite Anadyomène tordant ses cheveux au-dessus de sa tête. Ainsi l'excroissance du marbre sur la face intérieure du bras peut étre interprétée comme le reste d'une bande de cheveux touchant au bras. Le motif est particulièrement courant et on peut citer en exemple assez proche une statue du Musée du Caire 27454 [50]. Le très bon travail de ce bras, la justesse de l'anatomie, inciteraient à dater cet objet au Ier siècle de n.è.

48. *Bras* (figs 90–91)
Inv. n° SA/237/61 (Inv. sc. 2)
Marbre gris clair.
Long. 0,09 m ; larg. 0,026 m.
Trouvé le 29 III 1961 dans le sondage A.
Etat de conservation : Doigts brisés.

Le morceau de sculpture se compose uniquement d'un avant-bras coupé au-dessus de l'articulation du coude. La surface supérieure est lissée, avec un trou rond pour un tenon. Un léger creux marque l'articulation du coude. Le gras de l'avant-bras est bien modelé. Les cassures du gras du pouce et de l'intérieur de la paume prouvent que la main était fermée. La surface est très soigneusement polie.

Suivant les détails anatomiques, il est possible d'affirmer que c'est l'avant-bras gauche, dans le prolongement du bras, avec la main fermée, d'une statuette. Le travail très soigné de la sculpture et le poli de la surface feraient dater cette sculpture vers la fin du IIe–début IIIe siècle de n.è.

49. *Bras* (figs 88–89)
Inv. sc. 65
Marbre blanc à grain fin.
Long. 0,24 m ; diam. 0,105 m.
Trouvé en 1974 dans les déchets provenant de divers secteurs.
Etat de conservation : Brisé en dessous de l'articulation du coude ; et en dessous de l'articulation de l'épaule.

Il n'est resté que le haut du bras, sans épaule, et le départ de l'avant-bras. La surface supérieure est rugueuse avec un trou rond pour tenon avec restes de mortier. Egalement la surface inférieure est rugueuse et pourvue d'un trou rond avec des restes de mortier. Le bras est rond, légèrement renflé vers le coude. Le pli du coude est indiqué par une rainure sur la face extérieure, sur la face intérieure celle-ci est prolongée par un profond trait gravé, marquant la limite de la surface rugueuse non polie. Toute la surface extérieure est soigneusement polie, en dehors du sommet du bras où deux ressauts obliques sont à peine travaillés au ciseau. Il en est de même de toute la surface intérieure du bras, non polie, où de plus vers le haut est percé un profond trou rectangulaire.

Ce bras provient d'une statue de grande taille, au-dessus de la nature. L'agencement du pli du coude et la différenciation des surfaces permettent de distinguer la surface extérieure et intérieure du bras qui était un bras droit. Le pli et l'angle du coude prouvent que l'avant-bras était levé, tandis que le bras était accolé au corps auquel il état fixé par un tenon dont le trou rectangulaire est resté. L'avant-bras, d'un autre morceau de marbre, était fixé par un tenon rond. De la même manière, le bras était fixé à l'articulation de l'épaule. Probablement le haut du bras était dissimulé par un élément de vêtement, ce qui est indiqué par le travail sommaire du haut de la face extérieure du bras. Peut-être s'agit-il d'une draperie rejetée sur l'épaule. Il est impossible de dire plus sur

---

[50] Cf. Adriani, *Repertorio*, *A* II, p. 23, n° 85, fig. 152.

ce fragment d'une grande statue divine ou impériale. Le marbre soigneusement poli mais sans brillant suggérerait une datation vers le Ier siècle de n.è.

50. *Bras* (fig. 92)
Inv. n° SA/20/60 (Inv. sc. 1)
Marbre blanc à gros grain.
Long. 0,16 m ; larg. 0,07 m.
Trouvé en 1960 dans le sondage A.
Etat de conservation : L'avant-bras est brisé au niveau du poignet et au-dessus du coude ; nombreux éclats ; marbre très friable.

Ce fragment comporte à peine une courte portion d'un avant-bras massif avec la pointe du coude.

Etant donné sa massiveté, il est possible que cet avant-bras appartenait à une statuette masculine et que l'avant-bras était à angle droit par rapport au bras. L'état de la sculpture ne permet aucune hypothèse de datation.

51. *Bras* (figs 94–95)
Albâtre blanc rosâtre.
Inv. n° CIV/3832/82 (Inv. sc. 116)
Long. 0,054 m ; Diam. 0,012 m.
Trouvé le 27 XI 1981 dans le secteur C IV, strate 2.
Etat de conservation : Brisé au-dessus de l'articulation du coude et au poignet.

Il est à peine resté la pointe du coude suivant l'angle du bras plié. On voit une rainure marquant le pli intérieur du coude.

L'avant-bras était fin, la face intérieure sommairement taillée. La surface est très polie. Etant donné le modelé moelleux et arrondi, il s'agirait plutôt d'un bras féminin et, suivant la structure des muscles, plus précisément de l'avant-bras droit d'une petite figure féminine. Le travail de la sculpture est soigné, mais les indices sont insuffisants pour proposer une datation.

52. *Bras*
Inv. n° Z1/3343/79 (Inv. sc. 97)
Marbre blanc rosâtre.
Long. 0,053 m ; larg. 0,024 m.
Trouvé le 2 XII 1979 dans le secteur Z 1, comblement du bassin.
Etat de conservation : Avant-bras brisé au-dessus du coude et avant le poignet.

Il n'est resté qu'une portion de l'avant-bras arrondi se rétrécissant vers le poignet. Le modelé est soigneux et moelleux, sans poli brillant. Sur la surface supérieure est resté un trou rond pour un tenon de fixation.

On ne peut dire grand chose de cet avant-bras sinon qu'il appartenait à une statuette. Ni la composition ni la datation ne peuvent être restituées.

53. *Bras* (fig. 96)
Inv. n° R/1735/72 (Inv. sc. 15)
Marbre blanc à grain moyen.
H. 0,185 m ; larg. 0,085 m ; ép. 0,075 m.
Trouvé le 14 VI 1972 dans la partie supérieure du secteur R.
Etat de conservation : Bras brisé en oblique au-dessus de l'épaule et vers le milieu ; épaule abîmée ; nombreux éclats ; surface friable.

Le bras est brisé au-dessus de l'articulation de l'épaule, arrondie. Celle-ci est en arrière légèrement aplatie (vers l'omoplate). Les muscles du bras sont bien modelés, l'intérieur est plus rugueux. Suivant l'angle de l'épaule, le bras s'écartait du corps en un angle aigu.

Suivant ces observations, il s'agirait du bras droit d'une statue de grandeur naturelle. Selon la musculature, ce pourrait être un personnage masculin.

54. *Bras* (fig. 93)
Inv. n° W1/2751/77 (Inv. sc. 89)
Marbre blanc à gros grain.
Long. 0,10 m ; diam. 0,9 m.
Trouvé le 19 V 1977 dans le secteur W 1, salle C 4, strate 4.
Etat de conservation : Brisé en dessous de l'épaule et au-dessus du coude ; nombreux éclats sur toute la surface ; marbre friable.

Il n'est resté qu'une petite portion du bras cylindrique, en dessous de l'épaule. Une face est légèrement applatie, le reste du bras renflé, plus rugueux sur un côté. Le bras est brisé avant l'articulation du coude.

Suivant l'épiderme plus rugueux d'une face du biceps, on pourrait conclure que c'est une portion du bras gauche d'une statue de grandeur naturelle, probablement masculine en raison du type de musculature. En raison du contexte archéologique, il est possible de dater ce fragment aux IIe–IIIe siècles de n.è.

55. *Bras* ? (fig. 97)
Inv. n° W1/2564/76 (Inv. sc. 79)
Marbre blanc grisâtre à grain fin.
Long. 0,042 m ; larg. 0,025 m.
Trouvé le 20 VI 1976 dans le secteur W 1, strate 3.
Etat de conservation : Brisé en dessous de l'épaule et au-dessus du coude ; éraflurés sur la surface.

Le morceau de sculpture est de coupe cylindrique renflée au milieu. La surface est peu soignée, avec de longs traits, non polie.

Le forme par trop régulière de l'objet fait douter de son appartenance à une sculpture figurée. Toutefois, ce peut être un fragment de bras d'une petite statuette de travail peu soigné et d'une conception maladroite, sans indication de la structure des muscles du bras. Sinon, il pourrait s'agir d'un fragment d'élément décoratif (pied de balustrade ?).

V. MAINS

56. *Main avec phallus* (figs 98–100)
Inv. n° SM/924/66 (Inv. sc. 51)
Marbre blanc à taches jaunes.
Long. 0,17 m ; larg. 0,094 m.
Trouvée en avril 1966 dans le secteur M X I.
Etat de conservation : Pointe de l'index brisée ; bords du poignet cassés ; nombreux éclats ; pointe du phallus imprégnée de corrosion ferrugineuse.

La main coupée au ras du poignet. Sur la surface plate inférieure est placé un trou rond avec des restes de tenon en fer. La main potelée tient un phallus. Le petit doigt et l'annulaire sont recourbés vers l'intérieur de la paume. Sur l'index tendu, à la dernière phalange recourbée, repose la pointe du phallus, tenue entre le médius et le pouce. Les doigts sont gras, allongés, avec des ongles grands et bien dessinés. Le pouce repose sur le dessus du phallus. Le poignet est large et long. Le phallus fait corps avec la paume et les doigts, s'incurvant sur le poignet. A la base du poignet, il est abruptement coupé. Le prépuce tiré est indiqué par un renflement. Le gland est souligné de deux lignes gravées qui interrompent l'anneau du prépuce. La pointe est jaunie par l'oxyde d'un tenon en fer encore en place.

La sculpture est exceptionnelle. Le trou pour un tenon dans le poignet indique sa fixation sur un autre élément. Mais le phallus coupé court au niveau du poignet indique que ce n'était pas un fragment de statue. Il conviendrait plutôt de penser à une main votive tenant un phallus comme p.ex. un exemplaire plus petit d'Alexandrie, Musée Gréco-Romain 21134. Un objet presque identique fut trouvé à Luni [51] ou un autre à Leptis Magna [52]. On ne peut pourtant expliquer plus la fonction ou la destination d'un tel ex-voto. En Egypte pouvait durer la tradition transmise par Horapollon que le phallus dans la main est un signe de tempérance [53]. L'exemplaire de Luni est défini comme une main féminine, en notre cas aussi le moelleux et la finesse de la main permet une telle interpétation, mais ne l'impose pas. Enfin, la présence d'un tenon en fer au bout du phallus reste une énigme : on ne sait de quelle manière et à quel élément il pouvait être relié. Le travail soigné mais sommaire de la main, sans indication poussée de l'anatomie, le mode d'exécution des ongles, permettent de dater cette sculpture au Ier siècle de n.è.

57. *Main avec clef* (figs 101–102)
Inv. n° SM/821/64 (Inv. sc. 21)
Marbre gris à gros grain.
Long. 0,16 m ; larg. 0,10 m ; ép. 0,05 m.
Trouvée en novembre 1964 dans les décombres du sondage M.
Etat de conservation : Dessus de la main avec première phalange des doigts brisé, ainsi que la pointe du pouce ; face intérieure de la main et de l'attribut brisée.

La main est fermée sur un objet. Les doigts sont minces et fins. Sur le pouce est indiqué l'ongle incurvé. Les doigts sont recourbés et se serrent sur un objet, le pouce passant de l'autre côté. C'est un objet allongé et rectangulaire, sur le dessus une partie plus petite est bombée. En haut de l'objet, une sorte de penne ou tenon part vers l'intérieur. Toute la surface intérieure de la main et de l'objet est brisée.

Ce détail indique que la main et l'attribut étaient étroitement accolés au reste de la sculpture, probablement une statue de grandeur naturelle. Il s'agit de la main gauche. L'objet tenu est difficile à interpréter. Il ressemble beaucoup au rouleau tenu par un togatus d'Alexandrie, Musée Gréco-Romain 3661. Mais la penne en haut fait plutôt penser à la clef tenue de la même manière par Aion sur un relief d'Alexandrie, Musée Gréco-Romain 24407 [54]. Encore, il convient de remarquer que le tracé schématique des doigts et l'exécution du pouce rappellent les œuvres de style égyptien. Ainsi, on remarque une ressemblance avec le fouet tenu par Osiris sur une sculpture d'Alexandrie, Musée Gréco-Romain 79 [55]. Néanmoins la matière, soit le marbre, correspond bien mieux à une réalisation de style classique. Le travail moelleux de la pierre pourrait indiquer les IIe–Ier siècles avant n.è.

---

[51] NSc XXIII, 1969, I Supplemento, p. 102, n° 18, fig. 99, inv. n° 10269.

[52] G. Caputo, G. Traversari, *Le sculture del Teatro di Leptis Magna*, Roma 1976, p. 116, n° 106, pl. 97.

[53] Horapollon 7 (éd. B. van de Walle, J. Vergotte, CdE 36, 1943, p. 203).

[54] Adriani, *Repertorio*, *A* II, p. 65, n° 217, fig. 336.

[55] Adriani, *Repertorio*, *A* II, pp. 65–66, n° 219, fig. 338.

58. *Main avec sceptre* (fig. 103)
Inv. n° W1/2294/75 (Inv. sc. 70)
Marbre blanc à grain fin.
H. 0,091 m; larg. 0,124 m; ép. 0,049 m.
Trouvée le 26 IV 1975 dans de secteur W 1, pièce D 8, strate 3.
Etat de conservation : Paume, deux doigts et haut du pouce brisés, sceptre presque entièrement disparu; longue éraflure sur le médius.

Il n'est resté qu'une infime portion de l'objet cylindrique tenu par la main. Le gras du pouce repose le long de l'objet, tandis que de l'autre côté s'y appuient les pointes de deux doigts, dont il n'est resté que les phalanges. Leur articulation est marquée par un trait transversal. Les ongles sont dessinés d'un trait et bien modelés. Les doigts sont fins.

Naturellement, il est difficile de se prononcer décidément sur l'objet dont il est resté si peu. Mais le type de maintien fait penser au sceptre tenu dans la main légèrement levée par les dieux (Jupiter) ou les statues impériales. En ce cas, il s'agirait d'un petit fragment de la main droite tenant un sceptre d'une statue de grandeur surnaturelle d'un dieu ou d'un Empereur. L'exécution linéaire du pli des articulations et du tracé des ongles permet de dater la sculpture au IIIe siècle de n.è.

59. *Main* (figs 104–105)
Inv. n° AN/2130/74 (Inv. sc. 66)
Marbre gris à grain moyen.
Long. 0,16 m; larg. 0,09 m.
Trouvée le 9 X 1974 dans le secteur AN.
Etat de conservation : Brisée au niveau du poignet; pouce et dessus de la main écrasés; pierre friable.

La main, de grandeur naturelle, est serrée. L'index et le médius sont avancés et écartés. L'espace entre eux est très peu approfondi. L'annulaire et le petit doigt sont recroquevillés. Sur leur phalange, la pierre est applatie et non travaillée. L'intérieur de la poignée est profondément creusé par en dessous. Le gras du pouce est applati. Les doigts sont fins et longs. Le poignet est arrondi avec un trou de fixation gardant des restes de mortier.

Ce détail prouve que la main était fixée à une statue. Il est par contre difficile d'expliquer pourquoi les doigts ne sont pas plus dégagés de la sculpture. Suivant leur position, il ne semble pas que la main tienne quelque chose. Le travail très sobre de la main, sans poli et sans indication approfondie du modelé, ne facilite pas la datation. On pourrait pourtant suggérer une date assez haute, vers le IIIe–IIe siècles avant n.è.

60. *Main* (figs 106–107)
Inv. n° W1/1519/70 (Inv. sc. 18)
Marbre blanc à grain moyen.
Long. 0,16 m; larg. 0,11 m; ép. 0,055 m.
Trouvée le 5 III 1970 dans les Thermes.
Etat de conservation : Tous les doigts sont brisés au niveau de la première phalange; quelques éclats.

Cette main de grandeur nature s'arrête au niveau du poignet, terminé par un renflement. La main est forte. Le pouce était écarté, l'index et le médius tendus, les deux doigts suivants recroquevillés. La paume est sommairement travaillée avec une large rainure rectangulaire allant du poignet au milieu de la paume avec des restes de plâtre. La surface de la phalange du pouce est lisse avec un trou rond, de même l'index et l'auriculaire. L'annulaire présente une rainure transversale. Seul le médius est nettement brisé à la base. Le dos de la main est soigneusement lissé avec une indication du modelé des os du poignet. Les intervalles entre les doigts sont profondément marqués au foret.

Ainsi, tous les doigts étaient complétés en d'autres morceaux de marbre, fixés par des tenons. L'intérieur rugueux de la paume indique qu'il était invisible, d'ailleurs la profonde rainure trahit une fixation solide au reste de la sculpture. Il s'agit d'une main gauche, particulièrement forte, large et dodue. Le renflement au bout du poignet indiquerait peut-être le bord d'un vêtement. Il est difficile de restituer le geste et la fonction de cette main. Le travail très plastique du dos de la main et le profond usage du foret pourraient inciter à dater cette sculpture au début du IIIe siècle de n. è.

61. *Main* (figs 110–111)
Inv. n° SM/810/64 (Inv. sc. 20)
Marbre blanc à grain fin.
Long. 0,12 m; larg. 0,065 m.
Trouvée le 7 IX 1964 dans le secteur M.
Etat de conservation : Brisée au niveau du poignet; tous les doigts sont disparus; surface salie de mortier et de terre durcie.

La main, grande, est coupée au niveau du poignet. Elle est ouverte et tendue. Dans la paume ouverte renfoncée est marqué un pli oblique allant de l'index au bord extérieur. Le dos de la main est arrondi. Le gras du pouce est écarté de la paume, avec un profond pli le séparant des autres doigts. Au niveau de la première phalange, la surface est lissée et comporte un trou rond pour un tenon. La base de l'index et du médius est brisée, mais il reste au niveau du médius un trou rond avec des restes d'oxydation d'un tenon de fer. La base de l'annulaire est lissée, de même que celle légèrement abaissée de l'auriculaire.

Ces détails techniques indiquent que cette main avait les doigts complétés dès l'origine en d'autres morceaux de pierre. Le pouce était fixé par un tenon au niveau du médius. Ces doigts étaient en pleine hauteur et ensemble, comme le montrent les bases lisses de l'annulaire et de l'auriculaire. Il s'agit sans doute de la main droite d'une grande statue. Elle est forte, mais d'un modelé très moelleux, peut-être féminine. Le marbre est soigneusement poli et le modelé habile, ce qui inciterait à dater ce fragment de sculpture au Ier siècle de n.è.

62. *Main* (figs 108–109)
Inv. n° SM/970/67 (Inv. sc. 19)
Marbre blanc jaunâtre à gros grain.
Long. 0,225 m; larg. 0,11 m.
Trouvée le 20 II 1967 dans le sondage M, au-dessus du portique Ouest de la rue « Théâtrale ».
Etat de conservation : Brisée au niveau du poignet; partie inférieure coupée en oblique; index brisé au niveau de la première phalange; nombreux éclats sur toute la surface.

Il s'agit d'une main grande, de taille surnaturelle, coupée au niveau du poignet, où l'on voit un trou rond avec des restes de tenon en fer. Le pouce était très écarté de l'index, dont le départ semble indiquer qu'il était tendu. La première phalange du médius est légèrement inclinée vers l'intérieur de la paume. Le départ des deux autres doigts est encore plus rentré vers la paume.

La sculpture est très fragmentaire et il est difficile de l'interpréter plus en détail. Il semble juste qu'il s'agit de la main droite d'une grande statue. Probablement la main était tendue, comme le prouve l'index avancé. Le médius était légèrement courbé et les deux autres doigts recroquevillés.

Publications : W. Kołątaj, *Polish Excavations at Kom el Dikka in Alexandria 1967*, BSAA 43, 1975, p. 95.

63. *Main* (fig. 112)

Inv. sc. 25

Marbre blanc à gros grain.

Long. 0,085 m ; larg. 0,07 m ; ép. 0,04 m.

Trouvée dans les déchets provenant de divers secteurs.

Etat de conservation : Brisée au-dessus du poignet ; doigts entièrement disparus ; marbre friable.

Le fragment est très réduit. On distingue le dos de la main, arrondi, et la paume légèrement renfoncée avec le pli interne oblique du pouce. A la base du pouce est resté un trou rond pour un tenon. Les autres doigts sont complètement disparus.

La place du pouce permet de supposer qu'il s'agit de la main gauche d'une statue de taille en dessous de la nature. On ne peut en dire rien de plus.

64. *Main* (figs 113–114)

Inv. sc. 82

Marbre blanc veiné de gris.

Long. 0,06 m; larg. 0,055 m ; ép. 0,026 m.

Trouvée le 25 XI 1976 dans le frigidarium.

Etat de conservation : Brisée au-dessus du poignet en oblique ; doigts et moitié supérieure de la paume disparus ; éclats sur le dos ; marbre friable.

Le fragment ne comporte que la moitié inférieure de la paume, légèrement enfoncée à l'intérieur, le gras du pouce renflé et délimité par une ligne. Une seconde ligne part du bord extérieur de la paume en oblique vers le haut. Le dos de la main est bombé. Au bas de la paume est cassé en oblique un profond trou rond pour un tenon de fixation.

Ainsi on sait que cette main faisait partie d'une statue de petite échelle. La paume était ouverte et la structure anatomique est rendue avec soin. L'état de la pierre ne permet pas de définir le degré de travail de la surface.

65. *Main* (fig. 115)

Inv. n° W1/2518/76 (Inv. sc. 73)

Marbre blanc à grain fin.

H. 0,081 m ; larg. 0,077 m ; ép. 0,05 m.

Trouvé le 24 XI 1975 dans le secteur W 1, pièce D 18.

Etat de conservation : Partie inférieure de la paume disparue ; rebord extérieur et doigts brisés ; marbre très friable.

On distingue une partie de l'intérieur de la paume, légèrement enfoncée, sans indication des lignes de la main ou du relief. Le pouce, l'index et le médius sont brisés à la base.

La portion réduite de cette sculpture permet uniquement de dire que cette main ouverte était de grandeur surnaturelle, probablement d'une statue. Le dos est très abîmé, mais l'intérieur de la paume trahit un travail peu soigné et peu expert.

66. *Main* ? (fig 116)

Inv. n° W1/3234/78 (Inv. sc. 94)

Marbre blanc à grain fin.

H. 0,077 m ; larg. 0,079 m.

Trouvée le 2 XI 1978 dans le secteur W 1 Nord, strate 2.

Etat de conservation : Deux extrémités brisées ; nombreuses éraflures.

L'objet est difficile à décrire. Les deux extrémités sont brisées, une face est bombée, l'autre également. La surface est lissée.

Si la forme générale est de la partie centrale d'une main, l'intérieur de la paume bombé serait surprenant et étranger à toute règle d'anatomie. On pourrait songer aussi au ventre et au départ des cuisses d'une statuette, mais en ce cas la sculpture serait trop large et trop plate.

67. *Doigt* (fig. 117)
Inv. n° MX/1787/73 (Inv. sc. 23)
Marbre blanc jaunâtre à gros grain.
Long. 0,065 m.
Trouvé le 20 V 1973 dans le secteur M X 2.
Etat de conservation : Brisé au-delà de la première articulation ; prolongement sur la paume brisé.

Le fragment de doigt ne comporte que la première articulation incomplète, cylindrique. Il est prolongé par une portion du rebord extérieur de la paume, arrondi. La limite du doigt est marquée par une rainure. La surface est soigneusement polie.

Il s'agit incontestablement d'un fragment de main de grandeur naturelle. La présence du rebord extérieur de la paume indique que c'est une portion du petit doigt. De plus, le pli de l'articulation fait identifier le fragment comme appartenant à la main droite. Malgré la taille réduite de l'objet, on constate un poli très soigné de la sculpture en un très bon travail du gras de la paume, de l'articulation et du départ du petit doigt. Suivant le contexte de la trouvaille, ce fragment doit être antérieur au IIIe siècle de n.è.

68. *Doigt* (figs 118–119)
Inv. n° SM/2082/74 (Inv. sc. 24)
Marbre gris clair à gros grain.
Long. 0,068 m ; ép. 0,028 m.
Trouvé le 5 III 1974 dans le secteur M X, 4–1.
Etat de conservation : Brisé en dessous de la dernière phalange ; pointe du doigt brisée ; sur la surface extérieure incisions sommaires formant XIII.

Il n'est resté que la dernière phalange du doigt cylindrique se rétrécissant vers l'extrémité, où est marqué soigneusement l'ongle presque rectangulaire. Le doigt est fortement retroussé, l'ongle vers le haut. La surface intérieure est unie, sans pli de l'articulation. L'extrémité inférieure de la phalange est taillée droit.

L'incurvation du doigt avec l'ongle vers le haut ne peut s'expliquer que dans le cas du pouce. Le doigt est épais et serait de taille sensiblement naturelle. La surface de la sculpture est lisse, mais non polie. Les incisions en XIII sur la surface extérieure du doigt semblent postérieures, car elles sont exécutées sans soin et ne présentent aucune justification dans la structure du doigt. Leur sens et but nous échappent. Selon le contexte de la trouvaille, on peut dater ce fragment avant le IIIe siècle de n.è.

VI. JAMBES ET PIEDS

69. *Cuisse* (fig. 120)
Inv. sc. 26
Marbre blanc à veines grises.
H. 0,10 m ; diam. 0,08 m.

Trouvé dans les déchets provenant de divers secteurs.

Etat de conservation : Brisé au niveau de l'aine et à mi-hauteur ; nombreux éclats.

Le fragment est de coupe arrondie, nettement plus étroit à une extrémité. La surface est renflée et présente nettement la forme d'une cuisse forte, de taille en dessous de la nature.

En dehors de l'identification, on ne peut dire plus sur cette sculpture. La surface est soigneusement polie et sans brillant. Uniquement le fait que l'entière surface tout autour soit également polie indique que la jambe était d'une quelconque manière écartée du reste du corps. Aussi, l'arrondi extrême, sans musculature, suggérerait une figure féminine.

70. *Cuisse* (fig. 121)

Inv. n° W1/3600/81 (Inv. sc. 105)

Marbre gris à gros grain.

H. 0,12 m ; larg. 0,13 m ; ép. 0,08 m.

Trouvé le 21 II 1981 dans le secteur W 1 Nord.

Etat de conservation : Brisée en dessous de l'aine et à mi-hauteur ; surface intérieure brisée ; nombreux éclats sur toute la surface.

La sculpture est de coupe ovale, se rétrécissant vers une extrémité. La surface intérieure présente un aspect irrégulier de cassure. La surface extérieure est légèrement applatie.

Ces caractéristiques permettent d'identifier une portion de cuisse, entre l'aine et au-dessus du genou, de taille en dessous de la nature. La surface extérieure plate semble indiquer une musculature masculine. La pierre est assez sommairement travaillée, mais l'indication de l'anatomie semble soignée.

71. *Cuisse* ? (fig. 122)

Inv. sc. 27

Marbre blanc grisâtre à gros grain.

Long. 0,135 m ; larg. 0,095 m ; ép. 0,035 m.

Trouvée dans les déchets provenant de divers secteurs.

Etat de conservation : Tous les rebords sont brisés ; quelques éclats ; marbre friable.

Seule une surface est originelle. Elle présente une forte courbe sur un rebord et une légère ondulation vers le rebord opposé. L'arrière est disparu de manière que la pièce est actuellement très mince.

Il s'agit incontestablement d'un morceau de sculpture, mais son étendue réduite rend l'identification difficile. Peut-être est-ce un fragment de la surface extérieure d'une cuisse masculine. En ce cas, la légère ondulation serait une indication de la musculature convexe d'une statue masculine. Pourtant une telle identification reste très hypothétique.

72. *Genou* (fig. 123)

Inv. n° W1/2950/78 (Inv. sc. 92)

Marbre blanc à grain fin.

H. 0,094 m ; larg. 0,081 m.

Trouvé le 13 VII 1978 dans le secteur W 1, strate 2.

Etat de conservation : Surface inférieure coupée ; surface supérieure brisée en oblique ; quelques éclats.

La sculpture est polie tout autour, de coupe presque cylindrique à une extrémité, vers le mollet. La surface avant s'incurve nettement vers le haut. Sur les côtés, la sculpture est légèrement renflée. L'arrière présente nettement un renfoncement vertical interrompu par un profond trait horizontal. Au-dessus, la surface de la sculpture s'incurve, suivant la ligne supérieure du genou.

En effet, il s'agit d'un genou de taille naturelle. En arrière sont soigneusement indiqués les tendons des muscles du mollet. La forte ligne du pli ainsi que le départ de la cuisse indiqueraient que la jambe était pliée au genou. On ne peut dire plus sur la sculpture dont provient ce fragment. Toutefois, on observe que l'exécution était soignée et le rendu de l'anatomie habile.

73. *Fragment de pied* (figs 124–125)
Inv. n° SU/3799/82 (Inv. sc. 114)
Marbre blanc à grain fin.
Long. 0,15 m ; larg. 0,12 m ; ép. 0,06 m.
Trouvé le 1 III 1982 dans le secteur U 1, strates 1–2.
Etat de conservation : Il n'est resté que deux doigts ; recollé de deux morceaux ; pointe usée, quelques égratignures en surface.

Il n'est resté que le pouce et le second orteil du pied droit d'une sculpture colossale. Leur modelé est très soigné. Les orteils sont puissants, s'élargissant vers la pointe. Le renflement des articulations est soigneusement indiqué, ainsi que le renflement à la naissance des ongles. Ceux-ci sont courts, larges et bombés, de forme trapézoïdale. Leur limite supérieure est marquée d'un trait. L'intervalle entre les orteils est très large, à l'intersection sont forés trois petits trous. La surface est sommairement polie. Le dessous du pied est applati et à peine dégrossi.

La taille de ce pied droit nu ferait interpréter cette sculpture comme un fragment d'une statue divine ou héroïque de taille colossale. La hauteur hypothétique d'une telle statue serait d'env. 3,00–3,50 m. Le travail de ce fragment réduit est excellent, le modelé du pied très soigné mais en même temps peu fouillé. On serait enclin à dater cet objet vers le IIe siècle de n.è.

74. *Pied* (figs 126–127)
Inv. n° W1/1997/74 (Inv. sc. 64)
Marbre gris à grain moyen.
H. 0,07 m ; larg. 0,107 m.
Trouvé le 27 IV 1974 dans le secteur W 1, strate 3.
Etat de conservation : La sculpture est fragmentaire ; le pied brisé ; la pointe et le dessus des deux orteils cassés ; nombreux éclats sur la semelle.

Il est resté peu de ce pied, de grandeur surnaturelle. Le gros orteil est large, avec le départ de l'ongle incurvé. Il est largement séparé de l'orteil suivant par un creux allant jusqu'à la semelle. Le second orteil est allongé, l'extrémité spatulée avec l'ongle de forme ovoïde. Cet orteil est séparé du suivant par une légère rainure, terminée par une ouverture triangulaire sur la semelle. Du troisième orteil, il n'est resté que le renflement latéral, tandis que le gros orteil et le second sont brisés en dessous de la première phalange. Le pied repose sur une très mince semelle épousant en arc le contour de la pointe du pied. Cette semelle, à son tour, repose sur un socle plat suivant le contour de la semelle et créant ainsi une sorte de ressaut de la sculpture.

On peut reconnaître un fragment du pied droit d'un personnage, chaussé d'une sandale dont il est resté la semelle. Egalement l'écart entre le gros orteil et le second semble causé par la lanière passant entre les doigts du pied. M. Pietrzykowski interprétait cette sculpture comme un pied votif en l'honneur de Sérapis. Nous connaissons de nombreux examples de pieds votifs isolés, tranchés au niveau de la cheville, comme à Alexandrie, Musée Gréco-Romain 3922 et 25789, ou aussi le numéro suivant de notre catalogue. Ce serait une explication du support particulièrement mince du pied et insuffisant pour une sculpture en plein pied de grandeur surnaturelle. Il reste pourtant possible que le pied était inséré dans un creux d'une base plus massive. En ce cas, le petit socle n'aurait aucune fonction autonome, mais se confondait avec la surface de la base.

Le manque d'indices indiscutables liés au culte de Sérapis laisse également possibles les deux interprétations. En ce qui concerne le style, on remarque le travail très habile et soigné des deux orteils conservés, mais sans poli excessif de la sculpture et avec un relief plat. Aussi, pensons-nous pouvoir dater cet objet au Ier siècle de n.è.

Publications : M. Pietrzykowski, *Ikonografia przedstawień Serapisa z wykopalisk polskich na Kôm el-Dikka w Aleksandrii*, in : *Starożytna Aleksandria w badaniach polskich*. Warszawa 1977, p. 131, fig. 10.

75. *Pied votif* (figs 128–130)
Inv. n° W1/3235/79 (Inv. sc. 111)
Marbre gris à gros grain.
Long. 0,207 m ; larg. 0,082 m ; haut. 0,113.
Trouvé le 2 VI 1979 dans le secteur W-L Nord-Est, strate 2.
Etat de conservation : Pointe du pied et talon brisés ; très nombreux éclats sur toute la surface ; sculpture effacée.

Le pied est coupé au-dessus de la cheville. La plante est mince, s'élargissant vers la pointe. Les orteils sont abîmés : on ne voit qu'une profonde rainure entre le petit doigt et le précédent, le début de la rainure entre deux autres. Sur le bord intérieur, un trou rond pour tenon est au niveau du gros orteil. Autour de la cheville fine ondule un serpent dont la queue se trouve du côté extérieur. Son corps est épais mais plat et sommairement recouvert d'écailles gravées. La tête triangulaire, large et plate repose sur le devant de la cheville, pointe en bas. La plante du pied est placée sur une « semelle » plus étroite, avec un ressaut au talon.

Ce dernier détail prouve indiscutablement que le pied était fixé sur un socle. Par conséquent, on peut affirmer que le pied était nu. La cheville coupée net, sans aucune trace de fixation, indiquerait aussi que ce pied droit ne fit jamais partie d'une figure plus développée. Il peut donc s'agir d'un pied votif, très commun pour le culte de Sérapis [56], d'ailleurs le pied droit était un signe de Sérapis [57]. Cet alliage est confirmé par la présence du serpent. En effet, le pied accompagné du serpent était consacré à Sérapis [58]. Nous en connaissons aussi de nombreux exemples à Alexandrie, Musée Gréco-Romain, p.ex. n°s 3915 ou 19923 [59]. La datation de l'objet est difficile, étant donné la forte détérioration de la surface de la sculpture. Il semble pourtant que le modelé était assez sommaire et le travail de la pierre superficiel, aussi proposons-nous les Ier–IIe siècles de n.è.

76. *Base avec pied* (fig. 133)
Inv. n° W1/3453/80 (Inv. sc. 100)
Marbre blanc à grain fin.
H. 0,052 m ; long. 0,125 m ; larg. 0,122 m.
Trouvée le 5 III 1980 dans le secteur W 1.
Etat de conservation : Pied brisé au niveau de la cheville, surface gauche de la base abîmée.

---

[56] L. Castiglione, *Zur Frage der Sarapis-Füsse*, ZÄS 97, 1971, pp. 30–43 ; id., *Das wichtigste Denkmal der Sarapis-Füsse im British Museum wiedergefunden*. Studia Aegyptiaca I, 1974, pp. 75–81 ; M. Leglay, *Un « pied de Sarapis » à Timgad en Numidie*, Hommages à Maarten J. Vermaseren, Leiden 1978, pp. 573–589.

[57] W. E. Metcalf, *New and Noteworthy from Roman Alexandria. Pescennius Niger — Diadumenian*, *Greek Numismatics and Archaeology*, Wetteren 1979, p. 176.

[58] Cf. M. Guarducci, *Le impronte del Quo Vadis e monumenti affini, figurati ed epigrafici*, Rendiconti Acc. Pont. XIX, 1942–1943, pp. 324–326 ; Perdrizet, *op. cit.*, p. 125.

[59] Adriani, *Repertorio*, *A* II, pp. 50–52, n°s 186–193, figs 287–297.

La base est plate et sensiblement ovale, sa tranche est rugueuse. Sur sa surface est taillé dans la même pierre un pied droit s'élargissant nettement du talon vers le devant. Les doigts de pied sont soigneusement séparés par des rainures. Le gros orteil est séparé par un intervalle soulignant son renflement intérieur. La surface gauche de la base est éclatée. Il est resté, sur la ligne de l'arrière du talon du pied conservé, un profond trou de fixation rond.

Le fragment appartenait à une statuette de taille réduite. Les tranches rugueuses de la base ovale font supposer qu'elle était insérée dans la base proprement dite, plus soigneusement travaillée. L'espace lisse sur la base à côté du pied conservé permet d'affirmer que le personnage représenté avait les pieds écartés. La disparition de la surface originelle à gauche ne permet pas de mieux situer le pied gauche. Le trou de fixation pouvait aussi bien indiquer l'emplacement de ce pied que d'un élément supplémentaire (support ?) à côté de la jambe ou sur lequel pouvait reposer le pied gauche, plié au genou. Il est difficile de se prononcer sur le personnage représenté. Uniquement le fait que le pied est nu prouve qu'il s'agissait d'un personnage divin ou héroïsé. Le travail souple de la sculpture, sans modelé trop profond, incite à dater la sculpture au IIe siècle de n.è.

77. *Base avec pieds* (figs. 131–132)
Inv. n° 1802/73 (Inv. sc. 63)
Porphyre rouge foncé.
H. 0,09 m ; long. 0,49 m ; larg. 0,23 m.
Trouvée le 20 VI 1973 dans les fondations de l'école sur la limite Nord de Kôm el-Dikka.
Etat de conservation : Arrière de la base brisé en oblique, pied gauche brisé en oblique de la cheville au talon, surface et partie arrière du pied droit disparus.

La base est peu élevée et rectangulaire, sommairement mouchetée. Sur sa surface brisée en oblique il ne reste du côté droit que le contour du pied droit, en ovale avec le bout pointu. L'arrière en est disparu. Du côté gauche, le pied gauche est plus avancé. Uniquement le talon est brisé. On voit le même contour ovale avec pointe qui correspond à la ligne de la pantoufle bordant étroitement la plante du pied. Elle est retenue au niveau du cou de pied par une bride. Le dessus est lisse et bombé, comme couvert d'un bas.

Malgré son état très fragmentaire, il est possible de tirer de nombreuses conclusions de cette sculpture, ce que nous avons fait en détail ailleurs. La matière même, le porphyre, et le type de soulier, les *campagi*, prouvent nettement qu'il s'agit d'une statue impériale. Les analogies font bien dater cet objet au IVe siècle de n.è. Nous avons même tenté une attribution hypothétique de ce fragment à une statue de Constance II ou d'Arcadius.

Publications : M. Rodziewicz, *Alexandrie 1974*, ET X, Varsovie 1978, p. 385 ; Z. Kiss, *Une sculpture en porphyre d'Alexandrie*, ET XIII, 1983, pp. 183–189, figs. 1–2 ; Z. Kiss, *Studien zu den Bildwerken der Frühchristlich-byzantinischen Samlung II : Fragment einer Porphyrstatue aus Alexandrie*, Forschungen und Berichte 24, 1984, pp. 107–109, figs 1–2 ; Z. Kiss, *Etudes sur le portrait impérial romain en Egypte*, Varsovie 1984, p. 102, fig. 261.

78. *Base avec sabot* (figs 134–135)
Inv. sc. 67
Calcaire blanc nummulitique.
H. 0,125 m ; larg. 0,10 m.
Trouvée dans les déchets provenant de divers secteurs.
Etat de conservation : Bords de la base brisés, sommet du support disparu, un sabot intact, surface très corrodée.

Sur une base plate aux rebords brisés se dresse un élément cylindrique brisé au sommet. A côté, sur la surface de la base, repose un sabot bifide, brisé au niveau de la rainure.

L'objet est fort fragmentaire et d'interprétation énigmatique. Le sabot pourrait appartenir à un bovidé, mais bien plus vraisemblable en ce cas est un caprin. L'élément cylindrique à côté est en forme de tronc. Peut-être ce fragment appartenait à une image de satyre appuyé à un tronc d'arbre. Peut-être est-ce le reste d'un caprin dans un groupe plus développé. La première version nous semble plus vraisemblable. Enfin, une possibilité serait de reconnaître une image d'un Kronos mithriaque à tête de lion et pieds caprins [60]. De toute façon, cet ouvrage, exécuté en une pierre locale d'aspect peu attrayant, ne devait pas être de classe très élevée.

79. *Fragment d'édicule* (figs 136–137)
Inv. n° W1/1903/74 (Inv. sc. 62)
Marbre blanc à grain moyen.
H. 0,09 m; long. 0,17 m; larg. 0,135 m.
Trouvé le 26 II 1974 dans le secteur W 1 Sud, strate 2.
Etat de conservation : Angle gauche brisé, rebord droit usé, sculpture au-dessus des pieds disparue; surface effritée et recouverte d'une patine jaune.

Sur un socle plat et rectangulaire repose un pied gauche humain, brisé au-dessous de la cheville. Une profonde rainure sépare le gros orteil des autres doigts divisés par des traits moins profonds rectilignes. A gauche du pied, plus en arrière, est placé un sabot bifide avec une rainure large et profonde, triangulaire. Les deux pointes sont aigues. Plus à droite est assis un quadrupède, tournant le dos au groupe précédent. L'animal est de profil, assis sur la patte arrière droite, la cuisse épaisse ramenée sur le flanc. Le sommet du dos en est disparu. La queue s'incurve, à plat sur la surface du socle, et se termine par une touffe de poils plus épaisse. Derrière ces éléments, la pierre uniforme forme un fond pour ce groupe.

Ce détail prouve que cette sculpture était plutôt une stèle ou, en raison du relief près de la ronde bosse, un édicule dont il n'est resté que la base et le bas du groupe, brisé des deux côtés. En effet, il manque le second pied du personnage humain ainsi que l'avant-train de l'animal assis. Etant donné ses dimensions par rapport au pied, cet animal semble être un petit chien. Le sabot isolé est plus difficile à comprendre. Sa position immédiatement accolée sur le fond fait exclure un animal en entier (il n'y aurait guère de place pour modeler son corps, ni pour indiquer une seconde patte). Aussi, est-il plus probable que le sabot pourrait appartenir à une dépouille pendante. L'identification de ce personnage accompagné d'une dépouille caprine ou ovine et avec un chien à ses pieds est impossible. Il s'agit probablement d'une personne divine ou héroïque, mais ces attributs ne correspondent à aucun schéma connu. Le style de la sculpture est bon, mais l'état médiocre de l'objet ne permet pas de dater plus précisément le fragment d'édicule qu'aux Ier–IIIe siècles de n.è.

VII. DRAPERIES

80. *Fragment de togatus* (fig. 138)
Inv. n° 1563/70 (Inv. sc. 17)
Marbre blanc à gros grain.
H. 0,48 m; larg. 0,19 m.
Trouvé en 1970 dans les Thermes, sur l'emplacement de l'explosion.

---

[60] E. Breccia, *Un Çronos mitriaco ad Oxyrhynchos*, *Mélanges Maspéro* II, Le Caire 1934, pp. 257–264.

Etat de conservation : Brisé en hauteur le long du bras, avant-bras disparu ; nombreux éclats, marbre très friable sur le côté et en arrière.

Le fragment est de grandeur légèrement surnaturelle. Le bras est conservé depuis l'épaule jusqu'au tiers de l'avant-bras. Le bras est entièrement couvert par la draperie, marquée de deux plis plats parallèles allant en oblique de la pointe de l'épaule vers le pli du coude. Le côté du bras est lisse. Le départ de l'avant-bras est à angle droit, marqué d'un profond pli horizontal. En dessous du coude est placée une courte rainure verticale. A la limite de la brisure se dessine un pli arqué. L'arrière du fragment est sommairement travaillé et la surface très abîmée.

Malgré son état fragmentaire, cette sculpture représente un élément caractéristique pour de nombreuses statues officielles, en particulier de magistrats, comme p.ex. celles d'Alexandrie, Musée Gréco-Romain 1661 et 3919. On reconnaît parfaitement le bras gauche d'une telle statue, l'avant-bras à angle droit accolé à la poitrine. Les plis conservés sont sans profondeur et le modelé assez réduit, aussi est-il possible de dater ce fragment de sculpture vers le Ier siècle de n.è.

81. *Fragment de bras avec draperie* (figs 139–140)
Inv. nº R/1707/72 (Inv. sc. 16)
Marbre blanc à grain fin.
H. 0,115 m ; long. 0,13 m ; ép. 0,11 m.
Trouvé le 31 I 1972 dans le sondage R, couche arabe.
Etat de conservation : Sculpture brisée sur trois côtés ; quelques éraflures sur la draperie et sur la surface du bras.

Le morceau est extrêmement réduit. Sur une face, trois plis profonds se resserent en haut, formant trois bourrelets qui s'évasent vers le bas. Deux plis sont arqués, le troisième droit, en oblique. Entre les deux plis arqués, au bas, se forme un creux. La rainure profonde du troisième pli se subdivise en bas en fourche. Sur l'autre côté de la sculpture est visible le bras dénudé, de forme arrondie. Sur le dessus, la draperie passe en oblique, tandis que de l'autre côté on distingue la pointe du coude et le pli intérieur du coude.

Il semble que nous avons ici une partie du bras gauche(?) d'une statue. Le bras était détaché du corps de la statue et sans doute avancé. Il est impossible de tirer des conclusions sur l'agencement du vêtement. Toutefois le travail de la chair du bras est négligé et donc serait peu visible, contrairement à la draperie. En effet, le rendu de la draperie est très soigné. Les plis sont profonds, mais souples et très nuancés. Il s'agit d'une sculpture de bonne qualité qu'on pourrait dater, suivant le clair-obscur profond de la draperie, au IIIe siècle de n.è.

82. *Fragment de draperie* (figs 141–142)
Inv. nº R/1747/72 (Inv. sc. 38)
Marbre blanc à grain moyen.
H. 0,178 m ; larg. 0,137 m ; ép. 0,066 m.
Trouvé le 2 VII 1972 dans le secteur R.
Etat de conservation : Brisé sur trois côtés, rebords excroissants des plis abîmés ; nombreux éclats.

Le fragment est réduit à un pan vertical excroissant de draperie. Sur une face nous voyons une large surface en trapèze, avec une légère ondulation. Elle est séparée par une rainure verticale très profonde d'une seconde surface en trapèze, d'orientation inverse, marquée vers le haut par un long creux incurvé et un plus petit, droit. Sur la tranche, de surface égale, un profond creux incurvé est placé en haut. Le bas est coupé en arc, découvrant en dessous le second plan de la draperie avec un pli droit vertical.

Cette draperie faisait partie d'une statue de grande taille. Il s'agissait sans doute d'un pan excroissant. La surface est bien polie. Le modelé des surfaces est très délicat, tandis que les creux sont d'une grande profondeur. Vu le fort élément de clair-obscur et en même temps le modelé raffiné de la draperie, peut-être faut-il dater ce fragment de statue vers la fin du IIe siècle de n.è.

83. *Fragment de draperie* (figs 143–144)
Inv. sc. 41
Marbre gris foncé à grain fin.
H. 0,17 m ; larg. 0,12 m ; ép. 0,09 m.
Trouvé dans les déchets provenant de divers secteurs.
Etat de conservation : Brisé sur trois côtés, tranches des plis brisées ; nombreux éclats et égratignures.

Ce morceau de draperie est travaillé sur deux faces. Sur la face large, un gros pli fortement arqué, précédé de deux plis plus minces, est séparé par un creux de coupe arrondie d'un pli presque vertical, suivi par un autre creux. Sur la face courte, le gros pli mentionné plus haut est vertical, le suivant passe légèrement vers l'oblique, enfin le troisième s'incurve légèrement se divisant en deux au tiers de la hauteur ; ensuite vient sur la tranche une large surface légèrement ondulée.

Il s'agit d'une partie excroissante de la draperie d'une statue de taille sensiblement naturelle. La surface est soigneusement polie, le drapé du tissu est exceptionnellement souple et en même temps pictural, effet souligné par l'usage du marbre sombre. Le travail des plis rappelle particulièrement celui d'une statue assise d'Alexandrie, Musée Gréco-Romain 3928 [61], datée par A. Adriani à la fin du IIe siècle avant n.è. Il est donc peut-être possible de dater le fragment de draperie ici étudié vers le IIe siècle avant n.è.

84. *Fragment de draperie* (fig. 145)
Inv. sc. 42
Marbre blanc à grain fin.
H. 0,11 m ; larg. 0,10 m ; ép. 0,03 m.
Trouvé dans les déchets provenant de divers secteurs.
Etat de conservation : Fragment brisé sur toutes les faces, sauf une surface très effacée ; marbre friable.

Ce fragment infime comprend un large pli en trapèze, aux bords renflés, marqué encore d'une légère plissure en oblique. Des deux côtés de ce pli, la surface est lisse, légèrement bombée.

Il est impossible d'identifier plus précisément l'appartenance de ce fragment et l'échelle de la sculpture dont elle provient. Le rendu de la draperie semble de bonne qualité, mais la surface est effacée. Il est impossible de proposer une date plus précise qu'entre le Ier siècle avant n.è. et le IIe siècle de n.è.

85. *Fragment de draperie* (figs 146–147)
Inv. pierre 810
Basalte noir.
H. 0,28 m ; larg. 0,17 m ; ép. 0,08 m.
Trouvé dans les déchets provenant de divers secteurs.
Etat de conservation : Fragment brisé sur trois côtés ; surface des plis martelée ; nombreux éclats et salissures de mortier de chaux.

---

[61] Adriani, *Sculture Monumentali*, pp. 8–10, pls I–III.

Le fragment a trois surfaces originelles. Sur la surface large un profond pli horizontal surmonte trois plis verticaux : l'un en oblique, l'autre large vertical, le troisième légèrement incurvé en sens inverse. Le pli horizontal passe sur une surface supérieure dont il est peu resté. Sur la tranche, on voit uniquement un creux profond séparant une surface bombée lisse et un pli brisé.

L'agencement des plis de ce fragment est difficile à interpréter. Suivant la disposition des plis verticaux et un horizontal formant la surface supérieure, il pourrait s'agir de la part latérale du genou d'une statue assise. En raison de la matière exceptionnelle et du travail assez schématique et sans modelé de ce fragment de draperie, il semblerait possible de repousser sa datation vers la fin du IIIe siècle de n.è.

86. *Fragment de draperie* (fig. 148)
Inv. sc. 40
Marbre blanc-gris à gros grain.
Dim. 0,16 × 0,11 × 0,05 m.
Trouvé dans les déchets provenant de divers secteurs.
Etat de conservation : Seule une face est originelle, avec quelques éclats.

Il n'est resté qu'une petite portion d'une surface polie et légèrement ondulée. Il est possible d'y reconnaître une portion de draperie, sans plis, avec une surface légèrement modelée. La taille réduite du fragment ne permet ni de définir son appartenance dans une composition concrète, ni de proposer une datation pour l'exécution de cette sculpture.

87. *Fragment de draperie* (fig. 149)
Inv. sc. 39
Basalte gris foncé.
H. 0,18 m ; larg. 0,115 m ; ép. 0,15 m.
Trouvé en janvier 1974 dans le sondage W 1, strate 4.
Etat de conservation : Une seule surface originelle ; surface rugueuse très usée ; sali de mortier.

Il n'est resté que quatre plis séparés par des rainures de coupe angulaire. Néanmoins la forme des plis et des rainures est changeante et complémentaire.

L'échelle de l'objet ferait penser à une statue de grandes dimensions. L'agencement des plis ne permet de tirer aucune conclusion sur la position de ce fragment dans l'ensemble de la sculpture. Malgré le mauvais état de la surface, on peut affirmer que le rendu de la draperie est raide et assez linéaire. D'autre part, la découverte de cet objet dans la strate 4 ferait pencher vers une haute époque, peut-être IIe–Ier siècles avant n.è.

88. *Fragment de draperie* (fig. 150)
Inv. sc. 44
Marbre blanc à grain moyen.
Long. 0,15 m ; larg. 0,11 m ; ép. 0,025 m.
Trouvé dans les débris provenant de divers secteurs.
Etat de conservation : Deux surfaces originelles sont conservées ; l'arète du pli est abîmée.

Le fragment ne se compose que d'une large surface plate avec un début de pli et deux creux se formant de part et d'autre. Le rebord arqué est arrondi et la surface est polie jusque sur l'autre côté du rebord.

Il s'agirait donc de l'arète d'un pli arqué avancé d'une draperie. La fonction de ce fragment à l'intérieur de l'ensemble d'une sculpture est impossible à établir. En ce qui concerne le style, le modelé du début de pli est très souple, mais on ne peut en tirer aucune conclusions sur la qualité de la sculpture et sa datation.

89. *Fragment de draperie* (fig. 151)
Inv. n° R/1736/72 (Inv. sc. 37)
Marbre gris foncé à grain fin.
H. 0,075 m; larg. 0,205 m.
Trouvé le 14 VI 1972 dans le sondage R.
Etat de conservation: Surfaces supérieure et inférieure et un des côtés brisés; nombreux éclats.

Le fragment est très réduit. On voit à peine trois surfaces polies, aux angles arrondis A une extrémité se trouve un large ressaut.

Il semble que ce fragment appartenait à une draperie d'une sculpture de grande échelle, mais le morceau est trop réduit pour tirer quelque conclusion sur la date, sur le style et même sur la nature de cet objet.

VIII. ANIMAUX ET ATTRIBUTS

90. *Grenouille* (figs 152–154)
Inv. SA/885/65 (Inv. sc. 55)
Marbre blanc à gros grain.
Long. 0,10 m; larg. 0,165 m; h. 0,055 m.
Trouvé en septembre 1965 dans le sondage A Nord.
Etat de conservation : Surface très usée, en particulier sur le dos ; genoux et pointe du museau brisés; nombreux éclats et quelques taches de mortier.

La grenouille est représentée recroquevillée et ramassée. Sur le côté, les pattes sont à peine dégagées de la pierre. Les pattes avant, pliées à la jointure, vont en oblique. Les pattes arrière, de proportions trop réduites, sont sommairement indiquées en zigzag, allant en oblique de l'arrière de la sculpture sur les côté. Le dos est large et couvert, entre les pattes lisses et la tête, d'écailles sommairement indiquées par des rainures croisées formant des losanges. Sur la partie arrière, les losanges sont arrondis. La tête de la grenouille est levée. Les yeux sont en forme de pastilles rondes sous les bourrelets proéminents des arcades sourcilières. Les arcades sont soulignées de deux rainures allant des côtés du museau vers l'arrière de la tête où elles se joignent en un renfoncement. La bouche est indiquée par un trait droit percé au milieu d'un trou rond. Ce trou rond communique par un canal s'élargissant avec le dessous de la sculpture. En dessous, les bords sont plats et au milieu est placée une profonde canalisation de coupe rectangulaire communiquant avec le trou large qui aboutit au museau de la grenouille.

Cette installation prouve assez qu'il s'agissait d'un élément de fontaine : l'eau arrivait par le canal du dessous et jaillissait du museau de la grenouille, animal essentiellement aquatique. Il est donc inutile de recourir à la popularité et au symbolisme de la grenouille dans l'ancienne Egypte [62] pour expliquer cet objet. Une grenouille de travail et de fonction similaires se trouve à Alexandrie, Musée Gréco-Romain 32913 [63].

Le travail de cette sculpture est très négligé. Les écailles sont sommaires, les éléments de la tête sont rendus uniquement par des traits, l'anatomie des pattes est inexistante et même la proportion des pattes arrière fausse. Ainsi, en dehors du manque de soin général dans l'exécution d'une sculpture purement utilitaire, on observe une nette tendance au schématisme et au linéaire

---

[62] Cf. H. Bonnet, *Reallexikon der ägyptischen Religionsgeschichte*, Berlin 1952, pp. 198–199.

[63] G. Botti, *Catalogue des monuments exposés au Musée Gréco-Romain d'Alexandrie*, Alexandrie 1901, p. 563, n° 331.

qui inciteraient à dater cette œuvre vers le IVe siècle de n.è. Cette datation et la fonction de fontaine rendent possible une provenance de cette grenouille de l'aménagement intérieur original des grands thermes de Kôm el-Dikka.

91. *Animal* (figs 155–156)
Inv. n° W1/1810/73 (Inv. sc. 61)
Calcaire nummulitique blanc crème.
Long. 0,33 m; larg. 0,10 m; h. 0,14 m.
Trouvé le 11 VI 1973 dans le secteur W 1, en surface.
Etat de conservation : Tête, pieds, queue et support brisés; surface très corrodée.

Il n'est resté que le corps, très allongé, d'un animal, en cylindre se rétrécissant vers l'arrière, où commencent deux cuisses fortes. Sur le dos, près du départ de la tête, est placé un trou de coupe carrée. Il est resté le départ du cou, de la même largeur que le corps, peut-être en raison d'une crinière. Sur l'arrière, un trou carré servait peut-être à fixer la queue. Il est resté le départ du poitrail. Le départ des pattes avant n'est pas indiqué, mais sur toute la longueur du ventre il reste des traces d'un support étroit brisé. Sur les deux faces du poitrail, au même niveau que le trou carré sur le dos, sont percés deux petits trous ronds.

Le corps très allongé avec le poitrail large et les cuisses puissantes ferait penser à un félin, comme p.ex. sur une sculpture d'Alexandrie, Musée Gréco-Romain 10172. Le départ du cou particulièrement large inciterait à reconnaître plutôt un lion qu'une lionne ou panthère. Mais les trous sur le dos et les flancs de l'animal pourraient prouver qu'un personnage chevauchait cet animal, ce qui expliquerait aussi la nécessité du support plein sous le ventre. On pourrait penser à un jeune Dionysos chevauchant le lion ou la panthère, mais cela reste très hypothétique.

Malgré la matière ingrate et rugueuse, le modelé général du corps et des cuisses semble adroit, mais aucun élément de style ne permet de proposer une datation pour cette sculpture de raille relativement réduite.

92. *Arrière-train d'un animal* (figs 159–160)
Inv. n° W1/2700/77 (Inv. sc. 87)
Marbre jaunâtre à grain fin.
Long. 0,075 m; larg. 0,05 m; h. 0,05 m.
Trouvé le 23 II 1977 dans le secteur W 1 Sud, strate 4.
Etat de conservation : Très fragmentaire, pattes et partie avant brisés; côtés des cuisses abîmés; nombreuses égratignures.

Dans ce fragment réduit il est possible de reconnaître l'arrière-train d'un animal. La croupe est fortement bombée, retombant vers le dos, avec des deux côtés le renflement des cuisses brisées. En arrière, la naissance de la queue est fortement creusée dans la pierre et elle semblait être recroquevillée.

Il est impossible de définir la nature de cet animal, étant donné les proportions et le départ de la queue, plutôt un félin. La surface de la sculpture etait soigneusement polie, mais nous n'avons aucun indice sur le style. Uniquement le contexte de la trouvaille permet de dater ce fragment vers le Ier siècle avant n.è.–Ier siècle de n.è.

93. *Arrière-train d'un animal* (figs 157–158)
Inv. n° W1/3445/80 (Inv. sc. 99)
Marbre blanc gris à gros grain.
Long. 0,137 m; larg. 0,07 m; h. 0,074 m.
Trouvé le 28 II 1980 dans le secteur W 1 Nord, strate 1.

Etat de conservation : Avant-train, pattes arrière et cuisse droite brisés ; large tache sombre du côté droit ; surface rugueuse et abîmée.

Il est resté de l'animal un corps allongé, épais au milieu et s'amincissant vers la cuisse forte. Sur le ventre se trouve un profond trou rectangulaire. La cuisse conservée est coupée haut, avec un large trou rond rempli de mortier.

Cette fois aussi les proportions entre le corps et la cuisse rappellent un félin. La cuisse coupée avec un trou, visiblement pour un tenon de fixation, indique que la patte était ajoutée. Par contre le trou rectangulaire au ventre servait pour la fixation d'un support, élément courant dans les représentations d'animaux [64]. Il ne semble pas que l'animal ait porté un quelconque cavalier.

Le travail de la sculpture est assez sommaire, mais le fragment est trop réduit pour en tirer des conclusions sur la datation.

94. *Patte* (figs 161–162)
Inv. éléments archit. A 61/64 (Inv. sc. 28)
Marbre blanc à gros grain.
H. 0,18 m ; larg. 0,125 m ; ép. 0,07 m.
Trouvé en 1964 dans la partie Nord-Ouest du théâtre, entre les sièges et le mur.
Etat de conservation : Haut et bas brisés ; larges éclats sur les deux faces ; marbre très friable aux cassures.

La patte semble coupée au sommet de la cuisse et en dessus du genou. Elle est large et aplatie sur les deux faces, mais les tranches sont arrondies. La cuisse s'évase vers le haut, s'incurvant légèrement d'un côté. La surface sur une face est bombée, tandis que sur l'autre un creux vertical se dessine légèrement en bas, par contre le sommet présente un renfoncement rectangulaire pourvu de deux bourrelets verticaux.

La forme et le modelé suggèrent une cuisse, mais étant donné qu'elle est fortement aplatie, elle correspond bien mieux à la patte arrière d'un canidé ou félin. Etant donné le léger renflement sur une face et sur l'autre le creux semblant se dessiner entre les tendons, il s'agirait d'une patte arrière droite. Pourtant, on ne voit pas d'explication au renfoncement rectangulaire entre les deux bourrelets sur le sommet de ce qui serait la face intérieure de la cuisse.

Le marbre est bien poli et le modelé de cette cuisse semble assez fin. Néanmoins, le fragment est trop réduit pour en tirer des conclusions sur la datation.

95. *Patte de lion* (figs 163–164)
Inv. nº W2/2517/76 (Inv. sc. 72)
Marbre blanc jaunâtre à grain fin.
H. 0,098 m ; larg. 0,103 m.
Trouvée le 2 VII 1975 dans le sondage W 2 Nord, strate 2.
Etat de conservation : Arrière et côté droit brisés ; surface très abîmée, nombreux éclats et éraflures ; restes de mortier entre les doigts.

Sur un petit socle rectangulaire repose une patte animale à quatre doigts. Le doigt extrême droit est partiellement disparu. Tous les doigts sont allongés, incurvés et montant haut. Leur partie supérieure est très mince et se termine sur le socle par de larges coussins rebondis. Les deux doigts gauches se terminent par de courtes griffes recourbées. Les intervalles entre les doigts sont larges et profonds. Au sommet, les doigts passent en des articulations renflées. Sur le dessus, à la limite de la cassure, se trouve un trou de fixation rond.

---

[64] Cf. p. ex. W. Amelung, *Die skulpturen des Vaticanischen Museums* II, Berlin 1908, p. 357, pl. 36 (Sala degli Animali 154).

Cette patte très fine et nerveuse correspond au schéma de la patte de lion, ou de griffon (ce qui, en ce qui concerne cette partie du corps, revient au même). Sa position indépendante sur un petit socle rectangulaire indique qu'il s'agissait d'un élément autonome. Donc cet objet provient moins vraisemblablement d'une représentation animale complète que plutôt servait d'élément d'un meuble. Cette interprétation est confirmée par le trou de fixation au sommet de la sculpture, suggérant un élément plus fin (pied de table ?) que la continuation anatomique de la patte.

Malgré la grande usure de la surface, on distingue un travail soigné de la sculpture. Le rendu des doigts nerveux, les profondes rainures entre ceux-ci témoignent d'un recours à un clair-obscur violent, presque « baroque ». Aussi, pensons-nous pouvoir dater cet objet vers la seconde moitié du IIe siècle–début du IIIe siècle de n.è.

96. *Scorpion* ? (fig. 165)
Inv. n° W1/3355/79 (Inv. sc. 98)
Marbre gris à gros grain.
Long. 0,105 m ; larg. 0,085 m ; ép. 0,045 m.
Trouvé le 31 XII 1979 dans le sondage W1–R4, fosse arabe.
Etat de conservation : Quatre côtés brisés ; seules sont restées deux faces de la dalle ; superficie effritée.

Ce fragment de dalle est aplati sur une face et sur l'autre présente d'un côté un épais bourrelet arrondi et sur un fond lisse une image d'animal. Le corps est oblong, avec une ligne de séparation verticale au milieu. De chaque côté sont indiquées trois pattes minces brisées. La tête est en lunule, les pointes vers l'extérieur. Des deux côtés de la tête s'avancent deux longues « moustaches » incurvées terminées en fourche ou par de petites pinces.

Il est difficile d'interpréter l'animal sur ce fragment de bas-relief. La carapace divisée, la tête en lunule et les petites pattes suggèrent un insecte du type scarabée. Pourtant les deux moustaches très longues terminées en fourches pourraient être des pinces de crustacé ou éventuellement c'est la partie antérieure d'un scorpion. Cette dernière version nous semble la plus probable.

Malgré la surface très abîmée, ce relief très plat rend avec aisance les éléments de cet insecte. S'il s'agissait effectivement d'un scorpion, il pourrait s'agir d'un fragment de Zodiaque ou de relief mithriaque. On ne peut dater plus précisément l'objet qu'aux Ier–IIIe siècles de n.è.

97. *Fragment d'aile* ? (fig. 166)
Inv. sc. 81
Marbre blanc à grain fin.
H. 0,07 m ; larg. 0,024 m ; ép. 0,025 m.
Trouvé le 25 XI 1976 dans le frigidarium des grands thermes.
Etat de conservation : Fragment irrégulier avec face avant et arrière originelles.

Ce petit fragment présente sur une face une taille au ciseau. L'autre face est polie avec de courtes rainures dessinant des plumes aiguës.

La taille de l'objet fait penser à une statuette de petite taille. Le fait que la face bombée, extérieure, est travaillée au ciseau, tandis que la face incurvée, intérieure, est soigneusement polie et les plumes sont indiquées, prouve que les ailes étaient déployées. La taille réduite du fragment ne permet pas d'interpréter le reste de la composition, ni d'attribuer ce fragment à un Eros ou un volatile.

Le tracé des plumes est assez schématique, sans recherche du modelé en relief. Aussi paraît-il juste de dater cet objet vers le IIIe siècle de n.è.

98. *Tronc avec peau d'animal* (figs 167–168)
Inv. n° SME/906/66 (Inv. sc. 54)
Marbre blanc à grain fin.
H. 0,14 m ; larg. 0,09 m ; ép. 0,10 m.
Trouvé en mars 1966 au fond du sondage ME.
Etat de conservation : Haut, bas et un côté brisés ; bout d'une patte cassé, de l'autre patte usé ; polychromie effacée.

Le tronc est lisse et arrondi, avec sur le côté deux creux indiquant les nœuds. Des lignes rouges obliques marquent la surface du tronc. Sur le devant pendent deux pattes aplaties, visiblement d'une peau, l'une plus haute que l'autre. Les bords sont arrondis et les deux pattes sont séparées par un creux. Elles sont terminées par quatre doigts, séparés par des traits droits réguliers. La surface est ornée de courts traits rouges indiquant les poils. L'arrière brisé présente en coupe un long trou cylindrique pour un tenon de fixation, n'atteignant pas le sommet de la sculpture (peut-être cause de la cassure en cet endroit).

Ce fragment représente évidemment un tronc d'arbre sur lequel était jetée la dépouile d'un animal. Le schéma est particulièrement connu en ce qui concerne des images d'Héraklès accompagné de la dépouille du lion jetée sur un tronc, comme p.ex. sur la statue du Musée du Caire 46212 [65]. Il nous semble donc que c'est un fragment d'une petite représentation d'Héraklès suivant ce schéma.

Le travail de cette sculpture est plein de flou et de moelleux, ce qui caractériserait une haute époque. Egalement l'enrichissement de la sculpture par une polychromie est un phénomène particulièrement courant sous les Ptolémées. Enfin, ce fragment de sculpture fut trouvé au fond du sondage ME, en compagnie de fragments architectoniques stuqués, datés au Ier siècle avant n.è. C'est pourquoi nous pensons pouvoir dater ce fragment de sculpture aux IIe–Ier siècles avant n.è.

99. *Grappe de raisin* (fig. 169)
Inv. n° W1/3141/79 (Inv. sc. 93)
Marbre gris à gros grain.
H. 0,081 m ; larg. 0,074 m ; ép. 0,069 m.
Trouvée le 3 II 1979 dans la partie Sud de la rue R 4, strate 2.
Etat de conservation : Rebords brisés ; surface très corrodée et effacée.

Fragment de grappe en forme d'amande. Il est bombé et on distingue huit gros grains globuleux. L'arrière du fragment est lisse et plat.

Ce dernier détail pourrait suggérer qu'il s'agit d'un fragment de relief assez excroissant. Il s'agit certainement de grains de raisin, mais on ne sait si la grappe est complète.

La taille réduite du fragment ne permet de tirer aucune conclusion sur la composition, tandis que le très mauvais état de conservation ne permet aucune estimation sur le style et la datation.

100. *Massue* ? (fig. 170)
Inv. sc. 50
Marbre rouge à grain fin.
H. 0,18 m ; diam. 0,13–0,085 m.
Trouvée dans les déchets provenant de divers secteurs.
Etat de conservation : Sommet brisé, bas fortement martelé et abîmé.

---

[65] L. P. Kirwan, *A Statue of Heracles*, ASAE XXXIII, 1933, pp. 95–96.

Cet objet a une forme cylindrique s'évasant vers le bas, fortement abîmé. La surface tout autour est polie et comporte des rainures verticales rappelant des plis.

Pourtant cette forme ne trouve aucune explication comme draperie. Elle rappelle plutôt celle d'une massue, mais en général un tel objet était marqué dans la sculpture par des nœuds plus ou moins ronds ou ovales, et non des rainures verticales. Malheureusement, l'extrémité est très abîmée par son usage postérieur en guise de pilon.

L'objet reste énigmatique, mais si effectivement ce serait un fragment de statue, il s'agirait probablement d'une image d'Héraklès où l'emploi d'un marbre de couleur pour assurer un contraste pictural de la massue rouge ferait songer au IIe siècle de n.è.

SCULPTURES COPTES ET MÉDIÉVALES

101. *Tête* (figs 171–172)

Inv. n° SM/791/64 (Inv. sc. 12)

Calcaire blanc tendre.

H. 0,13 m ; larg. 0,10 m.

Trouvée le 15 VI 1964 dans le sondage M.

Etat de conservation : chevelure, oreilles et pointe du nez brisés ; nombreux éclats profonds sur toute la surface.

De la tête il n'est resté que le visage. L'arrière et tous les côtés sont fortement abîmés. Le visage est ovale, avec un menton triangulaire fortement pointu, séparé de la bouche par une rainure horizontale. La bouche est droite avec des lèvres boursouflées, divisées par une rainure. Le nez est strictement en forme de triangle et saillant. Les pommettes sont fortement marquées par deux renflements. Les yeux sont en amande, profondément percés. Les paupières supérieures et inférieures sont indiquées par deux lignes en amande.

La matière est locale et la construction du visage : yeux, bouche mince et droite, menton pointu, rappelle les portraits locaux de Dimeh à Alexandrie, Musée Gréco-Romain 3202 et 3198. Ici chaque élément est indépendant et fortement géométrisé. Le style est proche de cet art « populaire » égyptien, mais le schématisme semble encore plus poussé. Il est difficile de dire si cette tête est un « portrait ». Le schématisme des traits ne permet pas de décider. De toute manière, le style semble une version plus poussée du portrait privé « populaire » d'Egypte, aussi conviendrait-il de la dater vers les Ve–VIe siècles.

102. *Personnage masculin* (figs 173–176)

Inv. n° W1/3646/81 (Inv. sc. 107)

Marbre blanc à grain fin.

H. 0,14 m ; larg. 0,075 m.

Trouvé le 29 III 1981 dans le sondage W 1 Nord.

Etat de conservation : Bas du corps et bras brisés ; surface de la poitrine et du dos martelés ; oreille gauche disparue ; pointe du nez et du menton abîmée.

Le personnage est conservé jusqu'à mi-corps. La poitrine est creusée et martelée. Des épaules partent deux bras grêles (brisés), le droit dans la ligne du corps, le gauche avancé. Sur l'épaule droite passe un bourrelet qui dans le dos se termine par une masse non travaillée. Du corps part un cou très épais, surmonté de la tête d'une taille disproportionnée par rapport au corps. Elle est légèrement penchée vers la droite et le visage est levé. Le visage est ovale, avec un menton pointu. La bouche est plate, marquée par un trait droit, sans dessin des lèvres. Deux fines rainures arquées vont de sous la bouche vers le milieu du nez (brisé), dont les ailes sont marquées d'un trait incurvé.

Les yeux allongés en amande sont marqués de deux bourrelets. Le globe oculaire est creux et en émerge l'iris excroissant avec la pupille marquée par un creux. Deux bourrelets marquent les arcades sourcilières. Le front court est surmonté d'une masse de cheveux en calotte, marqués sur le devant d'une suite de gros bourrelets verticaux. En arrière, les cheveux sont indiqués par un épi de rainures peu profondes portant de l'occiput lisse. L'oreille droite semble couverte par les cheveux, tandis qu'en place de l'oreille gauche, le marbre est brisé, laissant voir en coupe un profond trou pour tenon de fixation.

La coiffure en calotte est une coiffure typiquement masculine d'époque tardive. On peut interpréter le bourrelet traversant l'épaule droite et la masse en arrière comme une indication du vêtement avec un gros pli en travers de l'épaule. Pourtant l'objet laisse perplexe : les trous pour tenon de fixation près de l'oreille gauche et sous l'aisselle gauche ne s'expliquent guère pour une statuette en ronde bosse. Egalement la disproportion entre le corps fluet et la tête ne correspond pas à la statuaire. Mais par contre le travail de l'arrière de la tête exclut un simple relief.

Or, la représentation en relief dont la tête émerge en ronde bosse est connue dans l'art copte [66]. Le travail des yeux et de la calotte de cheveux correspond également au style copte avancé, suivant A. Westholm [67]. La plupart des bas-reliefs coptes connus sont en calcaire local, mais à Alexandrie où l'on disposait plus facilement de marbre, cette matière fut employée pour l'exécution de cette œuvre copte qu'on peut dater vers le VIe siècle de n.è.

103. *Fragment de bas-relief* (fig. 177)
Inv. n° W1/3678/81 (Inv. sc. 108)
Marbre grisâtre à grain fin.
Trouvé le 10 V 1981 dans le sondage W 1 Nord.
Etat de conservation : Très fragmentaire, trois côtés brisés ; nombreux éclats sur la surface.

C'est le fragment supérieur d'une dalle plate. Le revers est lisse. Sur la face frontale, on voit en haut une portion du rebord supérieur rectangulaire lisse. En dessous est dégagé par un relief peu profond un fragment de tête. Le visage est coupé au milieu du nez dessiné de deux traits droits, se prolongeant en arcades délimitant le rebord supérieur des yeux. Ceux-ci sont en amande, bordés au bas d'une ligne arquée, sans indication de la pupille ni de l'iris. Sur le côté gauche sont profondément dégagées en relief deux boucles de cheveux perpendiculaires au visage. Le reste de la chevelure est dissimulé par le couvre-chef légèrement dévié vers la gauche de la tête : du côté droit son bord suit le contour du visage, tandis que du côté gauche il déborde nettement au-delà. Le couvre-chef est sous forme d'un large diadème incurvé, avec pointes sur les deux bords et un pinacle légèrement bulbeux au milieu. Il est plat mais sans contour et marqué à l'intérieur d'une ligne gravée.

Le couvre-chef est un typique diadème royal (ou impérial) tardif, se rapprochant déjà de la couronne médiévale européenne. Il s'agit plutôt ici de la couronne de type byzantin [68]. Le relief extrêmement plat et linéaire, le manque de modelé, le tracé des traits du visage rescapés présentent les caractéristiques de l'art copte. Le caractère local de l'exécution incline à penser qu'il ne s'agit pas d'une représentation impériale officielle, mais plutôt d'un roi conventionnel, peut-être un fragment d'un des Rois Mages d'une scène d'Adoration des Rois Mages. La couronne fort tardive inciterait à dater ce fragment de sculpture vers la fin du VIe–première moitié du VIIe siècles.

---

[66] Cf. p. ex. K. Wessel, *L'art copte*, Bruxelles 1963, fig. 55.

[67] A. Westholm, *Stylistic Features of Coptic Figure Sculpture*, ActaA 5, 1934, pp. 215–242, fig. 2.

[68] Cf. la couronne de la Vierge sur une mosaïque de Rome ; W. Weidlé, *Mosaïques paléochrétiennes et byzantines*, Milano-Firenze 1954, fig. 61 ; cf. une couronne presque identique d'un roi nubien, K. Michałowski, *Faras. Die Kathedrale aus dem Wüstensand*, Zurich 1967, pl. 70.

104. *Fragment de bas-relief* (fig. 178)
Inv. nº Z1/3460/80 (Inv. sc. 101)
Marbre blanc grisâtre à grain fin.
H. 0,122 m ; larg. 0,097 m ; ép. 0,042 m.
Trouvé le 20 IV 1980 en surface du secteur Z 1 Nord.
Etat de conservation : Fragmentaire, brisé sur tous les côtés ; surface noircie et carbonisée.

Ce fragment d'une dalle plate avec le revers lisse n'a conservé qu'une petite portion d'un personnage. On voit uniquement la main gauche ouverte, le début d'une manche large, reposant sur le fourreau rectangulaire et lisse d'une épée.

Le fourreau de l'épée, lisse, rappelle plutôt la longue épée tardive, de même la manche, froncée au poignet d'une tunique qui semble ample, correspond au costume militaire qui entra en usage vers les IVᵉ–Vᵉ siècles [69]. Egalement le rendu de la main gauche, ne tenant pas le fourreau, mais ouverte par dessus, est un trait de l'art copte. Aussi, convient-il de dater ce modeste fragment de bas-relief aux IVᵉ–VIIᵉ siècles de n.è.

105. *Fragment de plaquette* (fig. 179)
Inv. nº SC/607/62 (Inv. sc. 5)
Stéatite gris clair.
H. 0,07 m ; larg. 0,04 m ; ép. 0,01 m.
Trouvé en 1962 dans le sondage C.
Etat de conservation : Le bas et le côté gauche de la plaquette disparus ; nombreux éclats sur la surface.

De la plaque rectangulaire, on voit l'angle d'un cadre lisse, abritant une arcade marquée d'une baguette qui repose sur un petit chapiteau à volute. Au milieu, sur un fond lisse, est représenté un personnage nimbé en vêtement liturgique. Il porte une ample tunique à large manche plissée, dont on voit des fins plis verticaux, et retenue au poignet par des plis transversaux. La tunique est recouverte d'une chasuble avec devant une riche broderie triangulaire. Plus haut dépasse l'encolure de la tunique richement froncée. Il tient sa main droite ouverte sur la poitrine. Le pouce est très allongé et comme couvert d'un rang de perles. La tête, entourée d'un large nimbe circulaire lisse, est légèrement tournée vers la gauche. Le visage est allongé, avec un menton pointu, des joues rebondies, une petite bouche excroissante, le nez droit aux ailes en volute. L'œil est grand et en amande. Le front est très haut et le crâne légèrement ovoïde. L'oreille droite, décollée, est modelée, sur le fond du nimbe. Le bord extérieur de l'oreille droite dépasse de l'autre côté du visage. Les cheveux sont indiqués par de petites mèches courtes. Dans le champ lisse à droite du personnage se trouve le monogramme ΑΓΙΟC et en dessous les lettres ΚΟC.

L'inscription ne laisse aucun doute sur l'identification du personnage, un Saint comme le prouve encore le nimbe : c'est une image de St Cosme. Le vêtement liturgique et le style de la plaquette sont byzantins. On connaît de nombreux exemples de ces petites icônes-miniatures en stéatite, produites sans doute en Grèce, à travers tout le monde culturel byzantin [70]. Elles sont datées en général aux XIIᵉ–XIIIᵉ siècles.

106. *Fragment de bordure* (fig. 180)
Inv. nº SM/842/65 (Inv. bois D 62)
Bois brun clair.

---

[69] Cf. une statue impériale de Ravenne, A. Grabar, *L'Age d'Or de Justinien*, Paris 1966, fig. 251.

[70] A. Banck, *Monuments des arts mineurs de Byzance (Xᵉ–XIIᵉ ss.) au Musée de l'Ermitage*, IX Corso di Cultura sull'Arte Ravennate et Bizantina, Ravenna 1962, pp. 125–138.

Long. 0,15 m ; larg. 0,045 m.

Trouvé en mars 1965 dans les débris à l'Est de l'orchestre du théâtre.

Etat de conservation : Partie inférieure et angle droit brisés ; nombreux éclats sur les rebords ; surface usée.

A l'heure actuelle, la plaque est trapézoïdale. En haut, en biais, est conservée une mince lamelle de fixation et le bord, aussi oblique, de la représentation est marqué d'une mince baguette. Une mince lamelle de fixation se voit aussi sur le bord droit de la plaquette. Sur les deux bords, la composition est limitée par une double baguette formant moulure. La composition même est profondément creusée dans le bois, dégageant un modelé très plat, mais sur un fond de clair--obscur net. L'arrière de la scène est occupé par un rinceau végétal vertical, dont le sommet est marqué par une demi-palmette ; plus bas la tige se subdivise en deux brins terminés chacun par une petite feuille. Enfin au bas, parallèlement aux bords de la plaquette, se trouve une large feuille tripartite, de modelé ondulé. Devant le rinceau, et le cachant partiellement, est placé un homme nu en marche de droite vers la gauche. Son dos et sa jambe gauche sont accolés au rebord. Le pied est minuscule, le mollet droit et la cuisse épaisse. Sa jambe droite avancée a le mollet attenant au rebord gauche, sur lequel son pied dépasse. Sur le fond de la cuisse droite est marqué le sexe de l'homme. Son bras gauche touche au rebord droit, tandis que son avant-bras plié est marqué en travers de sa poitrine. Le bras droit est étendu en oblique, touchant de la main la bordure gauche. Les épaules tombantes sont surmontées de la tête au visage levé et tourné vers la gauche. L'homme est barbu et porte des cheveux abondants en masse au-dessus du front. La bouche est petite, le nez droit, les yeux en forme de deux points sous des arcades sourcilières bombées.

Il s'agit d'un élément de décoration d'un coffret ou porte, comme le prouvent les lamelles de fixation. Le rinceau très géométrisé et aux feuilles très stylisées est proche des œuvres dans le bois ou le stuc du temps des Fatimides [71]. Bien plus maladroite est la représentation du personnage masculin, sans aucune connaissance de l'anatomie, mais avec une indication soignée de la tête. C'est aussi une caractéristique des œuvres coptes de cette période [72]. En effet, la représentation de la figure humaine fait pencher pour une œuvre copte plutôt que musulmane. Peut-être alors serait-ce une image, réduite à une fonction décorative, d'Adam au Paradis. Le style de cette œuvre permet incontestablement de la dater aux Xe–XI siècles.

Publications : M. Rodziewicz, *Graeco-Islamic Elements at Kom el Dikka in the Light of New Discoveries : Remarks on Early Medieval Alexandria*, in : Graeco-Arabica I, 1982, p. 48, fig. 7.

---

[71] G. Marçais, *Les figures d'hommes et de bêtes dans les bois sculptés d'époque fatimide conservés au Musée Arabe du Caire*, Mélanges Maspéro III, Le Caire 1940, pp. 241 sq.

[72] E. Pauty, *Bois sculptés d'églises coptes. Epoque fatimide*, Le Caire 1930.

APPENDICE
SOCLES ET BASES

107. *Fragment de socle* (figs 181–182)

Inv. nº W1/2565/76 (Inv. sc. 78)

Marbre blanc à grain fin.

Dim. 0,168 × 0,114 × 0,068 m.

Trouvé le 10 VI 1976 dans le sondage W 1, strate 2A.

Etat de conservation: Trois côtés brisés; angle abîmé; nombreux éclats sur toute la surface.

Il n'est resté qu'un fragment d'angle du socle rectangulaire pour une statue. La surface inférieure est plate et rugueuse. La tranche est moulurée et bordée en haut et en bas par une rainure droite. Le dessus est plat et lisse avec au milieu une partie d'un renfoncement incurvé en forme de semelle. Le fond de ce renfoncement est sommairement taillé au ciseau. Sur le bord de la cassure se voit la coupe d'un long trou rond pour un tenon de fixation.

L'emplacement de ce tenon marque sensiblement le milieu du pied qui devait s'incruster dans cette excavation. Suivant la forme qui donne l'emplacement du talon, il s'agirait du pied gauche et donc nous est conservé l'angle arrière gauche du socle. Suivant la dimension de l'alvéole pour le pied, la statue debout devait être de taille inférieure à la nature. Il est naturellement impossible de proposer une date pour cet objet.

108. *Socle* (figs 183–184)

Inv. nº R/3495/80 (Inv. sc. 103)

Marbre blanc à grain fin.

H. 0,082 m; diam. 0,14 m.

Trouvé le 12 VI 1980 dans le sondage R Nord.

Etat de conservation : Recollé de deux morceaux; deux bords brisés.

Le socle est rond, avec un rétrécissement incurvé à mi-hauteur. En haut et en bas il est orné d'une simple moulure. La surface inférieure est plate et polie, comme la surface supérieure où se trouvent deux trous ronds de fixation.

La forme du socle est caractéristique pour les bustes ou les petites statuettes. Les deux trous pourraient témoigner de la fixation des deux pieds d'une statuette debout, mais les deux solutions : buste ou statuette, restent de valeur égale. On ne peut pas dater précisément ce socle, en proposant toutefois, vu le modelé des moulures, les Ier–IIIe siècles de n.è.

109. *Socle* (figs 185–186)

Inv. nº R/1598/70

Granit noir.

Long. 0,095 m; larg. 0,078 m; h. 0,059 m.

Trouvé en décembre 1970 dans les déchets du sondage R.

Etat de conservation : Nombreux éclats, en particulier sur la face inscrite; profond trou sur un côté.

C'est un socle élevé rectangulaire. Les surfaces supérieure et inférieure sont lisses. Sur la surface supérieure sont placés deux trous rectangulaires pour la fixation d'une statuette. Les faces latérales sont lisses. Sur une des faces est placée une inscription grecque en cinq lignes :

'Α]μμώνιος μυροπώλης προστατίδ]α {σ} το [...(ἔτος)]
καισαρ[ος ἀνέθηκεν (ὡ)ν ἐν τῇ συνόδω

'Ammonios, marchand de parfums, ancien *prostates* de l'an X d'Auguste, a offert étant au synode' [73].

L'inscription nous donne précisément la fonction et la date de ce socle : il portait une statuette offerte par Ammonios peu après l'an 10 d'Auguste, soit 16 avant n.è. La statuette votive était sans doute d'une divinité mais on ne sait laquelle. Ensuite, suivant M. Rodziewicz, aux VIe–VIIe siècles ce socle fut remployé comme enclume.

Publications : M. Rodziewicz, *Un quartier d'habitation gréco-romain à Kôm el-Dikka*, ET IX, Varsovie 1976, p. 204, fig. 41.

110. *Base* (fig. 187)

Sans n° inv.

Calcaire jaunâtre nummulitique.

H. 1,20 m; larg. 0,6 m; ép. 0,3 m.

Trouvé en juin 1962 dans le mur occidental des thermes. In situ.

Etat de conservation : Surface abîmée; objet remployé à l'envers dans la construction voûtée sous les thermes romains.

Haut piédestal rectangulaire, de coupe carrée, avec sur une face une inscription latine en deux lignes :

COSMO AVG (usti) LIB (erto)
A RATIONIBVS

La formule est celle de consécration d'une statue, qui devait se dresser sur ce piédestal monumental, du type élevé dans les lieux publics (naturellement, son remploi dans les fondations des thermes ne laisse rien deviner sur son emplacement originel). T. Zawadzki a analysé les témoignages existant sur ce personnage important de la cour de Marc Aurèle, ce qui l'a amené à dater la base de Kôm el-Dikka entre 169 et 174 de n.è.

Publication : T. Zawadzki, *Un témoignage nouveau sur Cosmus Augustii libertus a rationibus*, ET I, Varsovie 1966, pp. 82–84.

---

[73] Lecture et traduction de Z. Borkowski, exécutée le 27 XI 1972, qui prépare la publication et le commentaire de ce texte.

TABLES DE CONCORDANCE DU CATALOGUE

a) avec l'inventaire des fouilles

SA/20/60	Bras	50
SA/237/61	Bras	48
SC/562/61	Tête féminine	22
SB/577/62	Couronne divine	4
SA/595/62	Torse de Demeter	38
SC/607/62	Fragment de plaquette	105
SG/629/63	Torse de Hermès	37
SK/640/63	Tête féminine	23
SM/787/64	Tête d'Alexandre	17
SM/791/64	Tête	101
SM/810/64	Main	61
SM/821/64	Main avec clef	57
SM/842/65	Fragment de bordure	106
SM/858/65	Portrait masculin	18
SA/885/65	Grenouille	90
SM/892/65	Tête de Sérapis	21
SME/909/66	Tronc avec peau	98
SM/921/66	Tête féminine	29
SM/924/66	Main avec phallus	56
SM/970/67	Main	62
SM/1016/67	Œil	36
0/1063/67	Buste	44
M/1085/68	Torse masculin	6
W/1519/70	Main	60
1563/70	Fragment de *togatus*	80
R/1598/70	Socle	109
R/1610/71	Fragment de coiffure	35
R/1614/71	Tête féminine	25
R/1707/72	Bras avec draperie	81
68/1708/72	Buste	43
0/1714/72	Tête féminine	26
R/1735/72	Bras	53
R/1736/72	Fragment de draperie	89
R/1747/72	Fragment de draperie	82
MX/1787/73	Doigt	67
W1/1788/73	Cynocéphale	13
1802/73	Base avec pieds	77
W1/1810/73	Animal	91
W1/1870/73	Tête féminine	27
W1/1903/74	Fragment d'édicule	79
W1/1904/74	Fragment de couronne	30
W1/1997/74	Pied	74
W1/1998/74	Main	8
SM/2082/74	Doigt	68
W1/2092/74	Tête masculine	2
AS/2095/74	Niobide	40
AN/2130/74	Main	59
W1/2294/75	Main avec sceptre	58
W1/2349/75	Torse d'Aphrodite	39
W2/2517/76	Patte de lion	95
W1/2518/76	Main	65
W2/2519/76	Bras	47
W2/2520/76	Canope	12
W2/2521/76	Sein ?	45
W1/2542/76	Bas-relief	15
R/2557/76	Tête d'Osiris	1
W1/2564/76	Bras ?	55
W1/2565/76	Base	107
W1/2605/76	Torse féminin	7
W1/2690/77	Bras	46
W1/2698/77	Bas-relief	14
W1/2700/77	Arrière-train animal	92
W1/2751/77	Bras	54
W1/2950/78	Genou	72
W1/3141/79	Grappe de raisin	99
W1/3234/78	Main ?	66
W1/3235/79	Pied votif	75
W1/3236/79	Couronne	3
W1/3308/79	Tête féminine	28
Z1/3343/79	Bras	52
W1/3355/79	Bas-relief	96
W1/3445/80	Arrière-train animal	93
W1/3453/80	Base avec pied	76
Z1/3460/80	Bas-relief	104
W2/3490/80	Tête de Dionysos	19
R/3495/80	Socle	108
W2/3505/80	Fragment de diadème	34
W1/3600/81	Cuisse	70
W1/3612/81	Tête masculine	20
W1/3646/81	Personnage masculin	102
W1/3678/81	Bas-relief	103
W1/3681/81	Tête féminine	24

U/3792/82	Buste	41	U/3799/82	Pied	73
U/3797/82	Buste	42	AW/3828/82	Tête d'Alexandre	16

b) avec l'inventaire des sculptures

a1	Torse de Demeter	38	50	Massue?	100
a2	Torse de Hermès	37	51	Main avec phallus	56
1	Bras	50	52	Tête féminine	29
2	Bras	48	53	Fragment de coiffure	35
3	Tête féminine	22	54	Tronc avec peau	98
4	Couronne divine	4	55	Grenouille	90
5	St Cosme	105	56	Couronne divine	5
6	Tête féminine	23	57	Fragment de couronne	32
7	Tête d'Alexandre	17	58	Fragment de couronne	30
8	Portrait masculin	18	59	Cynocéphale	13
9	Tête féminine	25	60	Niobide	40
10	Tête féminine	26	61	Animal	91
11	Tête de Sérapis	21	62	Fragment d'édicule	79
12	Tête masculine	101	63	Base avec pieds	77
13	Tête féminine	27	64	Pied	74
14	Tête masculine	2	65	Bras	49
15	Bras	53	66	Main	59
16	Bras avec draperie	81	67	Base	78
17	Fragment de *togatus*	80	68	Œil	36
18	Main	60	69	Genou	11
19	Main	62	70	Main avec sceptre	58
20	Main	61	71	Torse d'Aphrodite	39
21	Main avec clef	57	72	Patte de lion	95
22	Main	8	73	Main	65
23	Doigt	67	74	Bras	47
24	Doigt	68	75	Canope	12
25	Main	63	76	Sein?	45
26	Cuisse	69	77	Tête d'Osiris	1
27	Cuisse	71	78	Base	107
28	Patte	92	79	Bras?	55
29	Indéfini	—	80	Torse féminin	7
30	Indéfini	—	81	Fragment d'aile	97
31	Indéfini	—	82	Main	64
32	Cuisse	9	83	Fragment de couronne	31
33	Mollet	10	84	Bras	46
34	Torse masculin	6	85	Bas-relief	14
35	Torse masculin	43	86	Inscription hiéroglyphique	—
36	Buste	44	87	Arrière-train animal	92
37	Draperie	89	88	Indéfini	—
38	Draperie	82	89	Bras	54
39	Draperie	87	90	Indéfini	—
40	Draperie	86	91	Fragment de diadème	33
41	Draperie	83	92	Genou	72
42	Draperie	84	93	Grappe de raisin	99
43	Indéfini	—	94	Main?	66
44	Draperie	88	95	Couronne royale	3
45	Indéfini	—	96	Tête féminine	28
46	Indéfini	—	97	Bras	52
47	Indéfini	—	98	Bas-relief	96
48	Indéfini	—	99	Arrière-train animal	93
49	Indéfini		100	Base avec pied	76

101	Bas-relief	104
102	Tête de Dionysos	19
103	Socle	108
104	Fragment de diadème	34
105	Cuisse	70
106	Tête masculine	20
107	Personnage masculin	102
108	Bas-relief	103
109	Tête féminine	24
110	Bas-relief	15
111	Pied votif	75
112	Buste	41
113	Buste	42
114	Pied	73
115	Tête d'Alexandre	16
116	Bras	51

Ne sont pas inclus dans notre catalogue les n°s 29, 30, 43, 45, 46, 47, 48, 49, 88 et 90 qui sont des morceaux impossibles à identifier (le plus souvent une seule surface lisse) ainsi que le n° 86 qui est un fragment d'inscription hiéroglyphique.

c) avec l'inventaire des éléments architectoniques

61/64	Patte	94

d) avec l'inventaire des objets en pierre

810	Draperie	85

e) avec l'inventaire des objets en bois

D 62	Plaque de bordure	106

TABLE DES ILLUSTRATIONS

TABLE DES MATIÈRES

Catalogue

Tables de concordance du catalogue

ILLUSTRATIONS

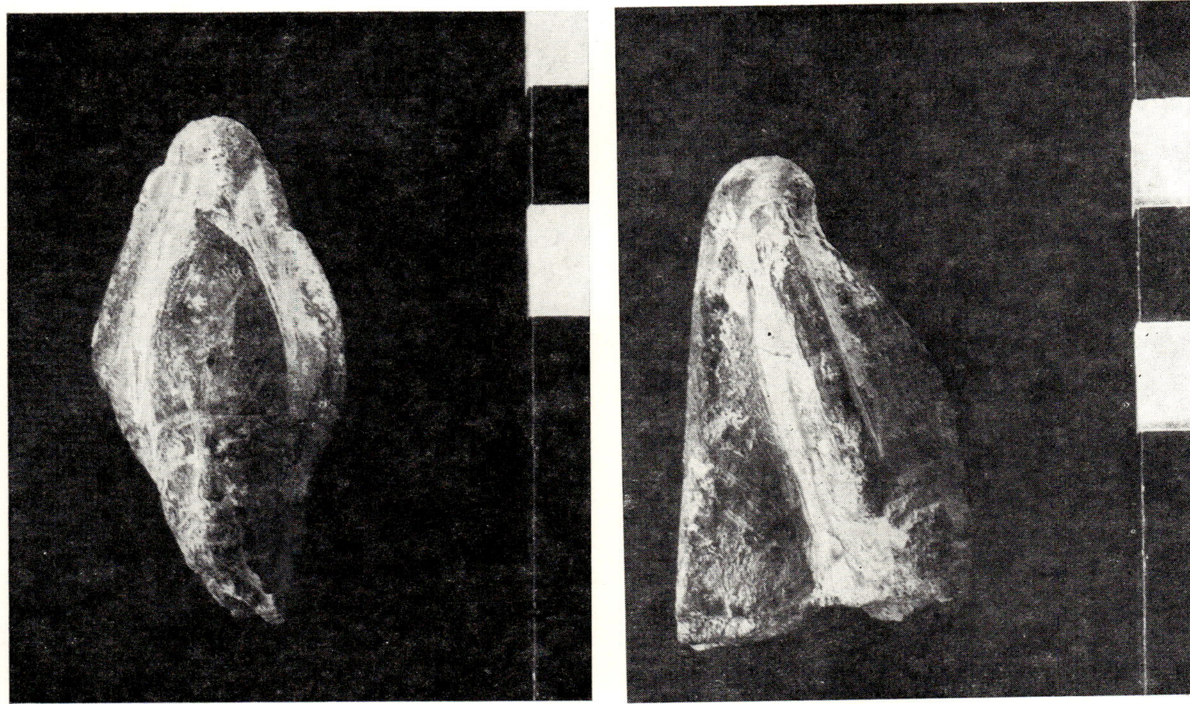

1–2. Tête d'Osiris, Basse Epoque ou Epoque Ptolémaïque, cat. n° 1 (phot. A. Bodytko)

3–4. Tête masculine, IIe siècle avant n.è., cat. n° 2 (phot. W. Jerke)

5–6. Couronne royale, cat. n° 3 (phot. Z. Kiss)

7–8. Couronne divine, époque gréco-romaine, cat. n° 4 (phot. A. Bodytko)

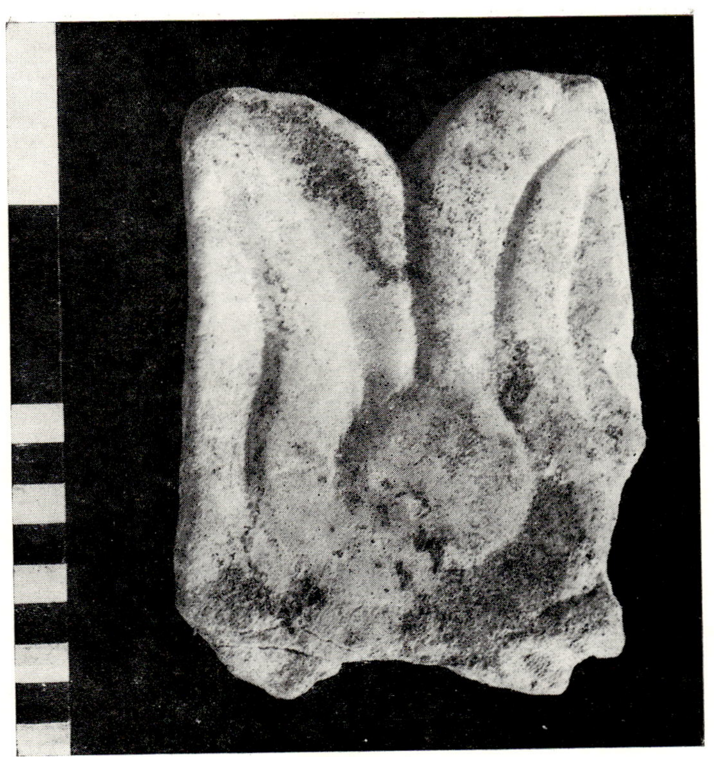

9–10. Couronne divine, Ier–IIe siècles de n.è., cat. n° 5 (phot A. Bodytko)

11–13. Torse masculin, IIᵉ–Iᵉʳ siècles avant n.è., cat. n° 6 (phot. A. Bodytko)

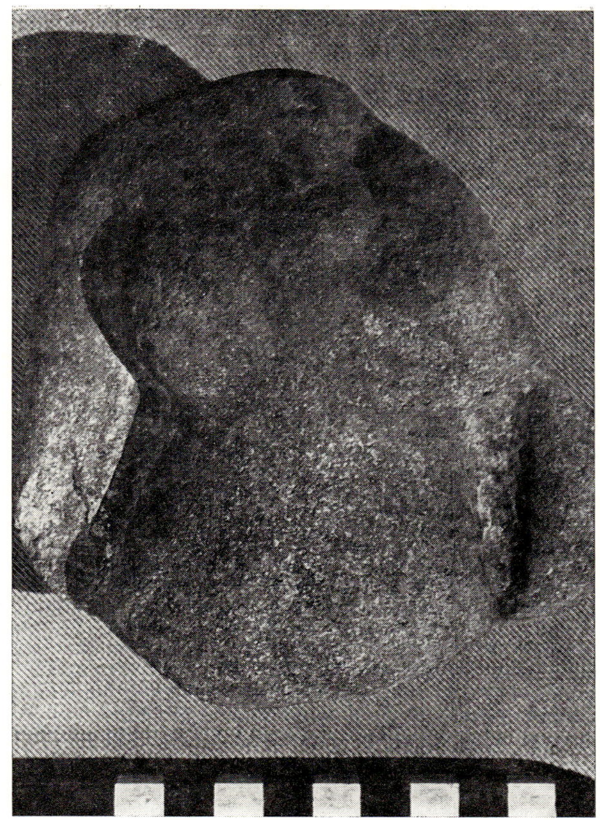

14. Torse féminin, époque ptolémaïque, cat. n° 7 (phot. A. Bodytko)

15. Main, Nouvel Empire, cat. n° 8 (phot. W. Jerke)

16. Cuisse, cat. n° 9 (phot. A. Bodytko)

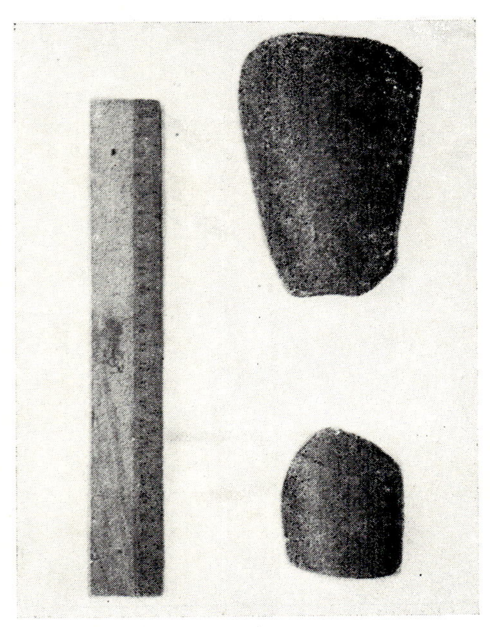

19. Cuisse et mollet, cat. nos 9 et 10 (phot. Z. Kiss)

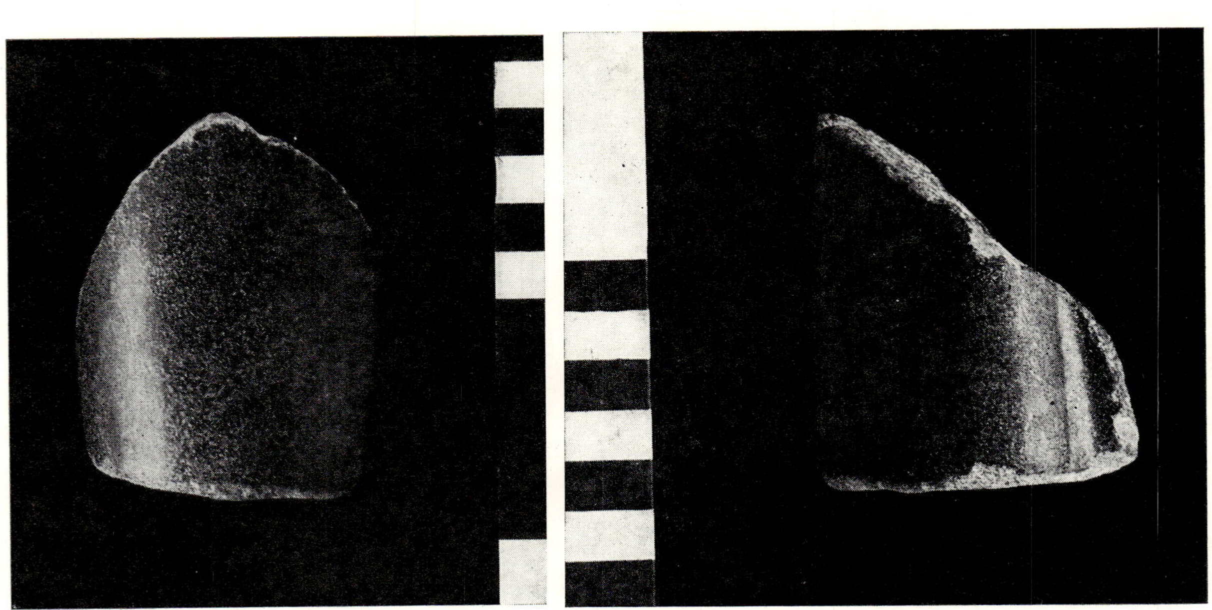

17–18. Mollet, cat. n° 10 (phot. A. Bodytko)

20–21. Genou, époque ptolémaïque ou romaine, cat. n° 11 (phot. A. Bodytko)

22–23. Canope, époque romaine, cat. n° 12 (phot. A. Bodytko)

24–25. Cynocéphale, cat. n° 13 (phot. A. Bodytko)

26. Bas-relief, époque ptolémaïque, cat, n° 14 (phot. A. Bodytko)

27. Bas-relief, époque romaine, cat. n° 15 (phot. A. Bodytko)

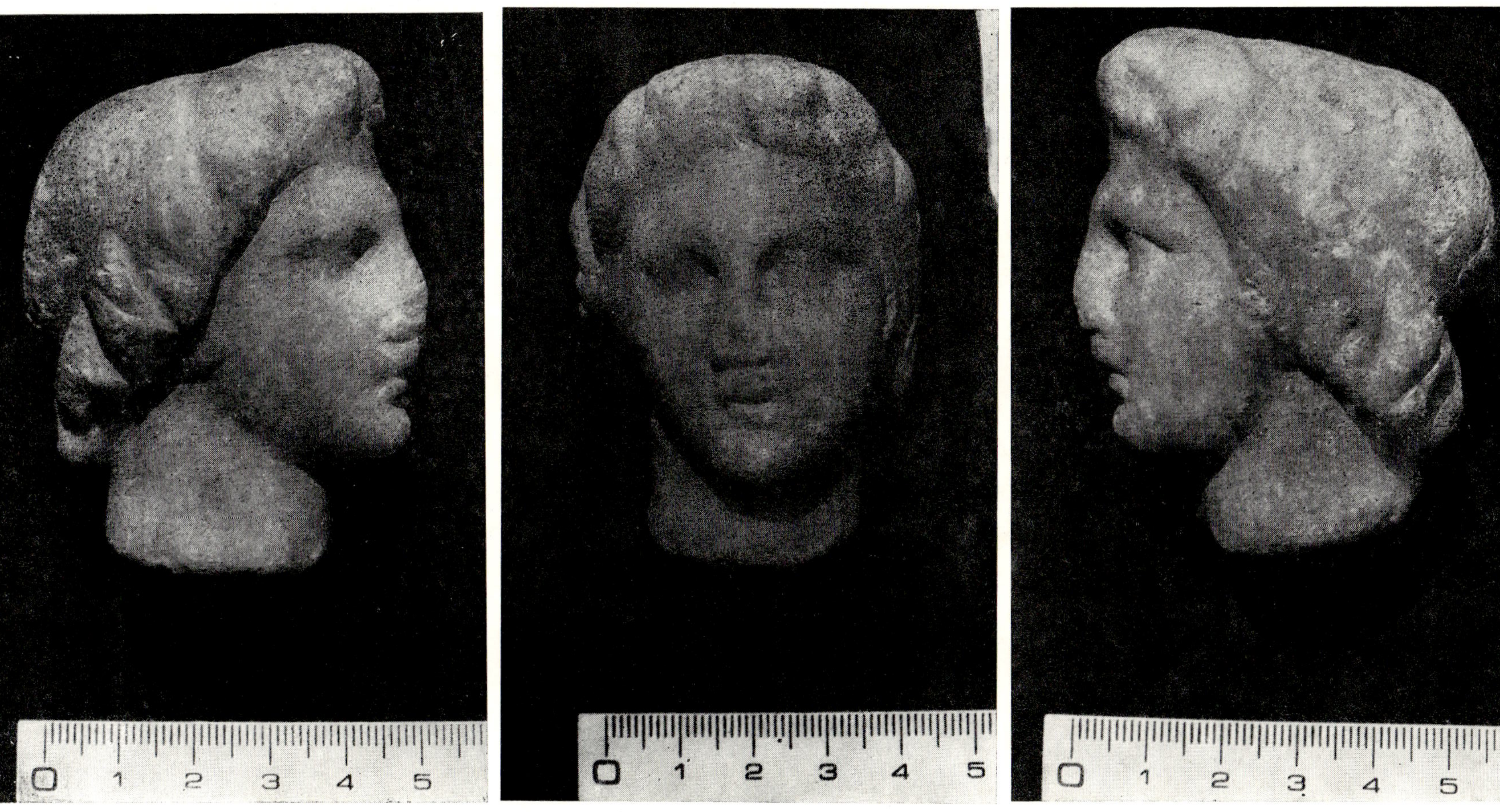

28–30. Tête d'Alexandre le Grand, IIᵉ siècle avant n.è., cat. n° 16 (phot. Z. Doliński)

31–32. Tête d'Alexandre le Grand, début du IIIe siècle de n.è., cat. n° 17 (phot. A. Dziewanowski)

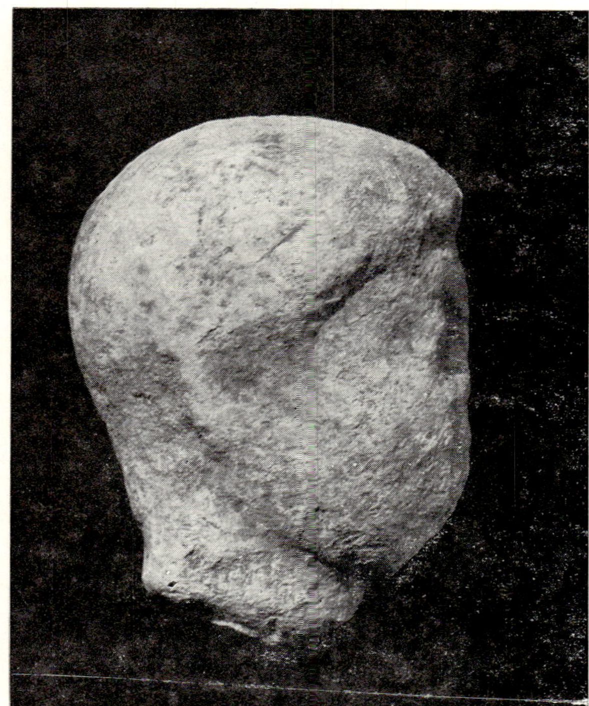

33–34. Portrait masculin, première moitié du IVe siècle de n.è., cat. n° 18 (phot. W. Jerke)

35–37. Tête de Dionysos âgé, moitié du IIIe siècle de n.è., cat. n° 19 (phot. Z. Doliński)

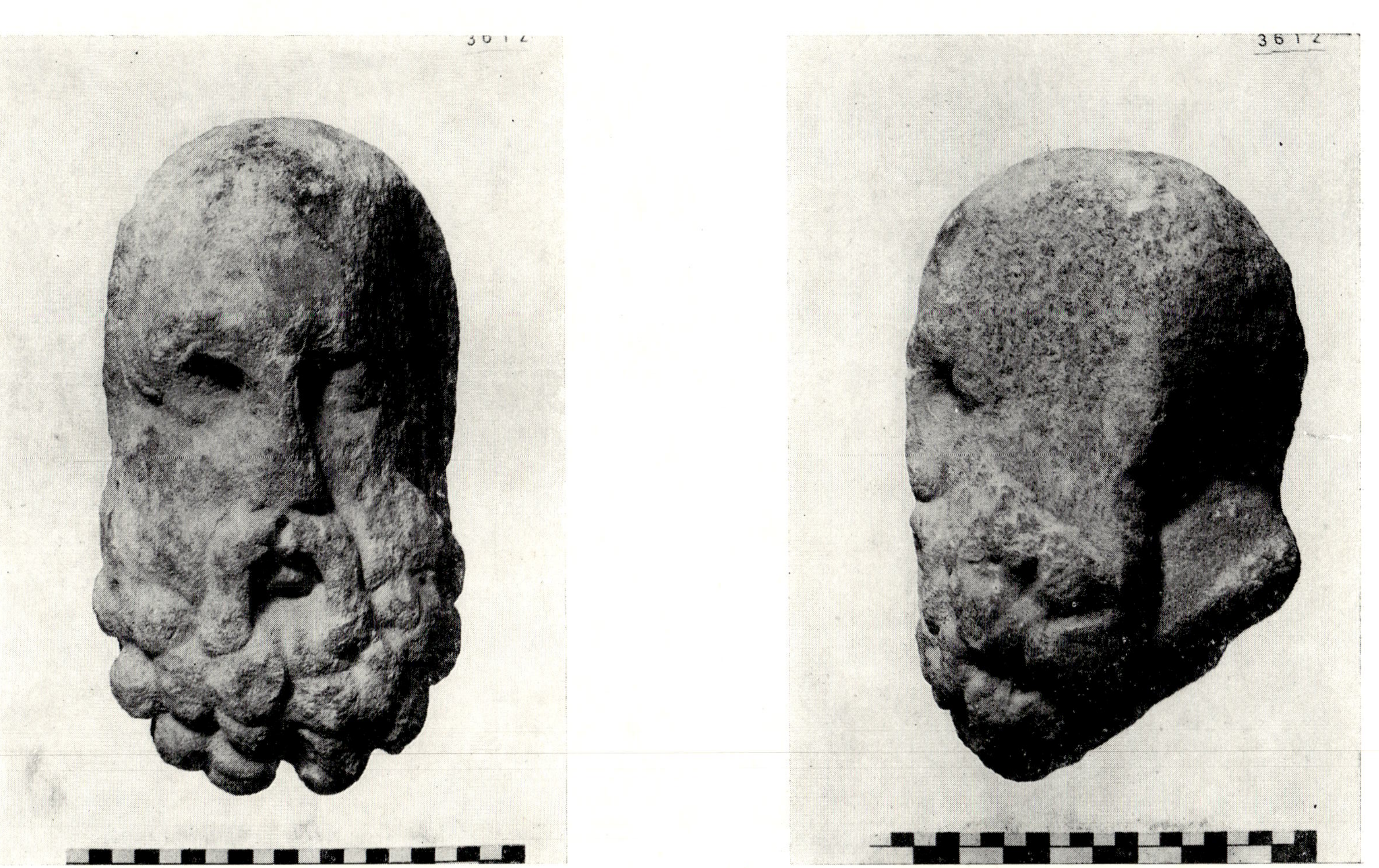

38–39. Tête d'Héraklès, début du IIe siècle de n.è., cat, n° 20 (phot. Z. Doliński)

40–42. Fragment de tête de Sérapis, fin IIe–début IIIe siècles de n.è., cat. n° 21 (phot. A. Bodytko),

43–45. Tête féminine, IIe siècle avant n.è., cat. n° 22 (phot. A. Dziewanowski)

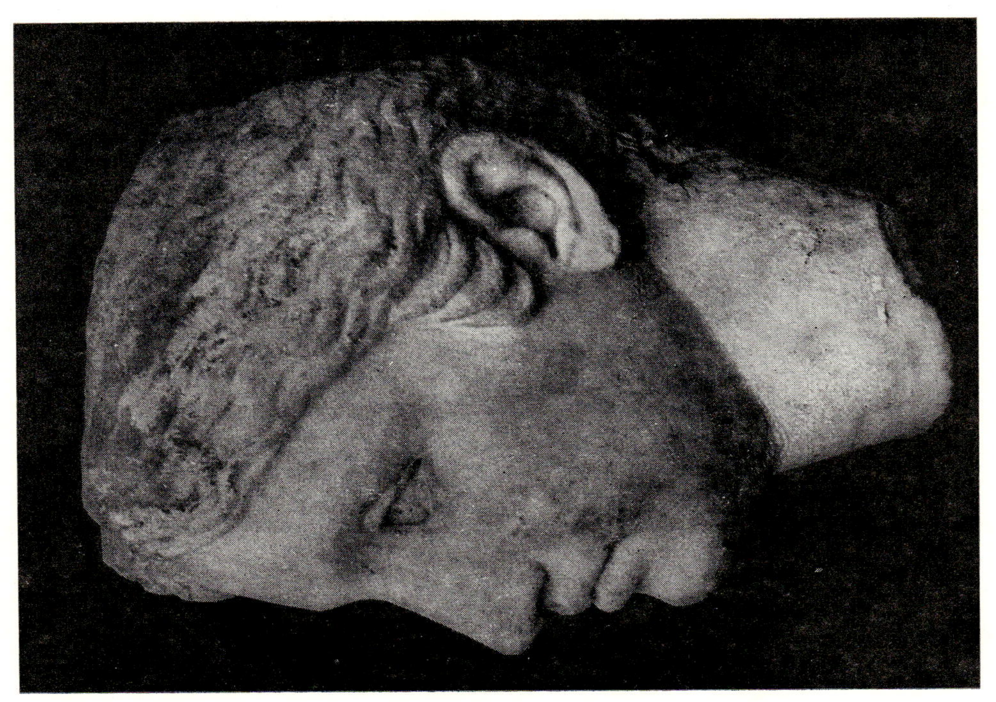

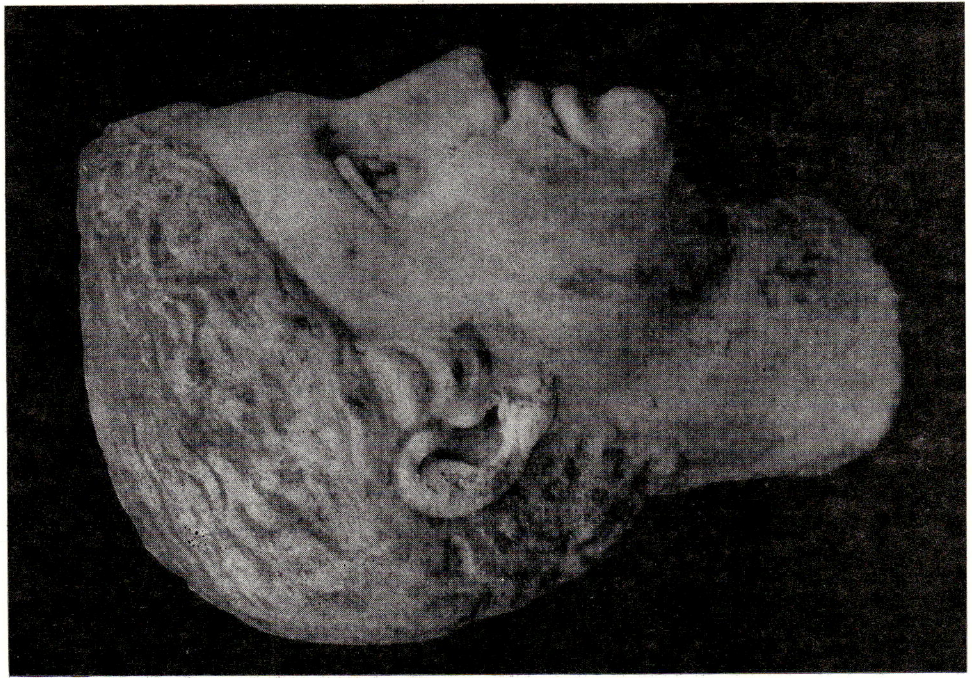

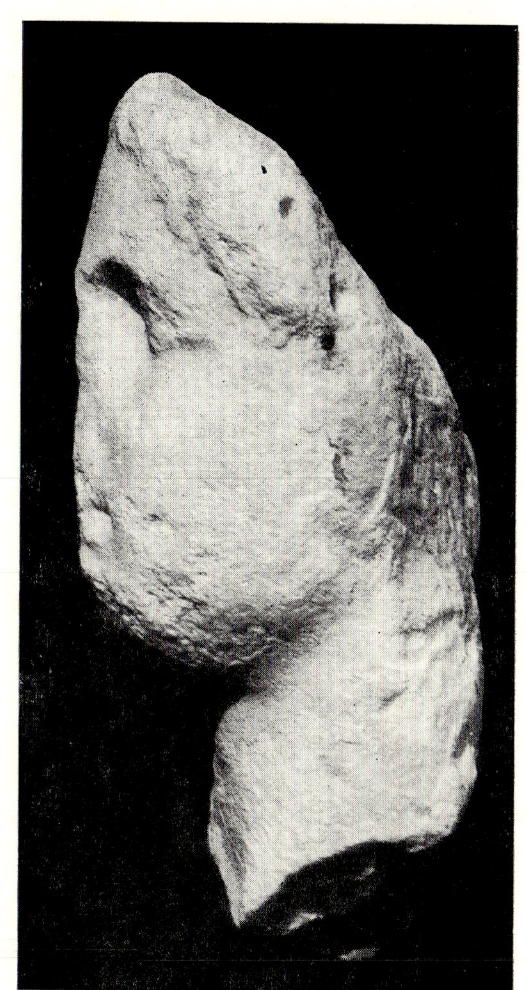

46–48. Tête féminine, IIIe siècle avant n.è., cat. n° 23 (phot. W. Jerke)

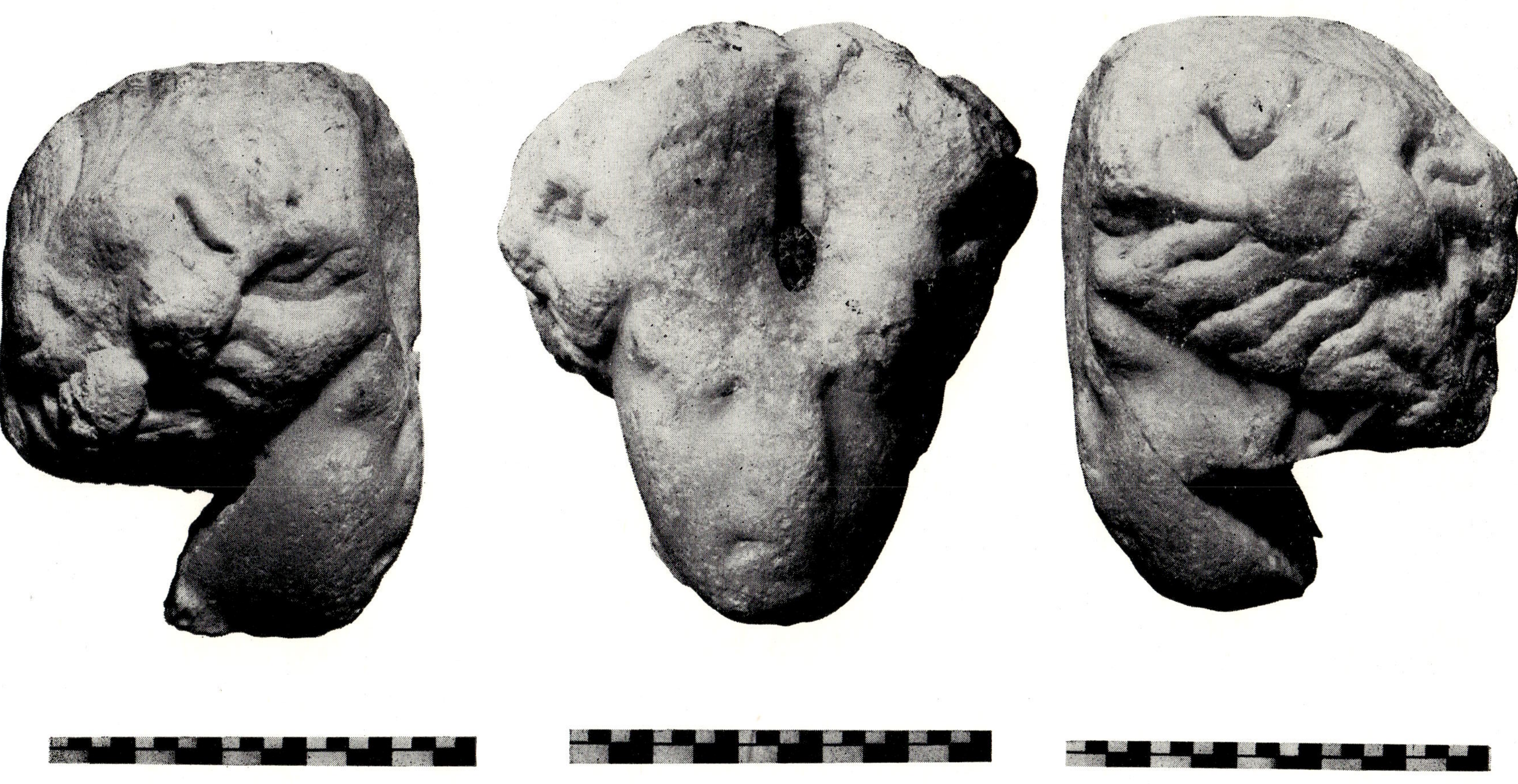

49–51. Tête féminine, début du IIe siècle de n.è., cat. n° 24 (phot. Z. Doliński)

52–54. Tête féminine, IIe siècle de n.è., cat. n° 25 (phot. A. Bodytko)

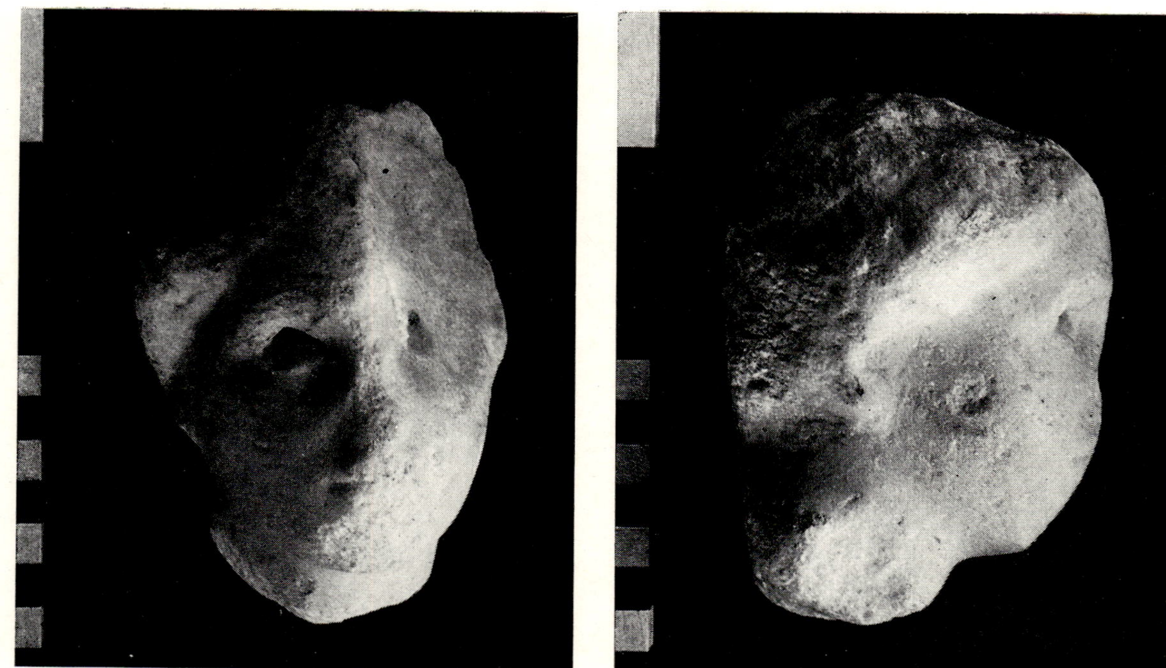

55–56. Tête féminine, IIᵉ siècle avant n.è., cat. n° 26 (phot. A. Bodytko)

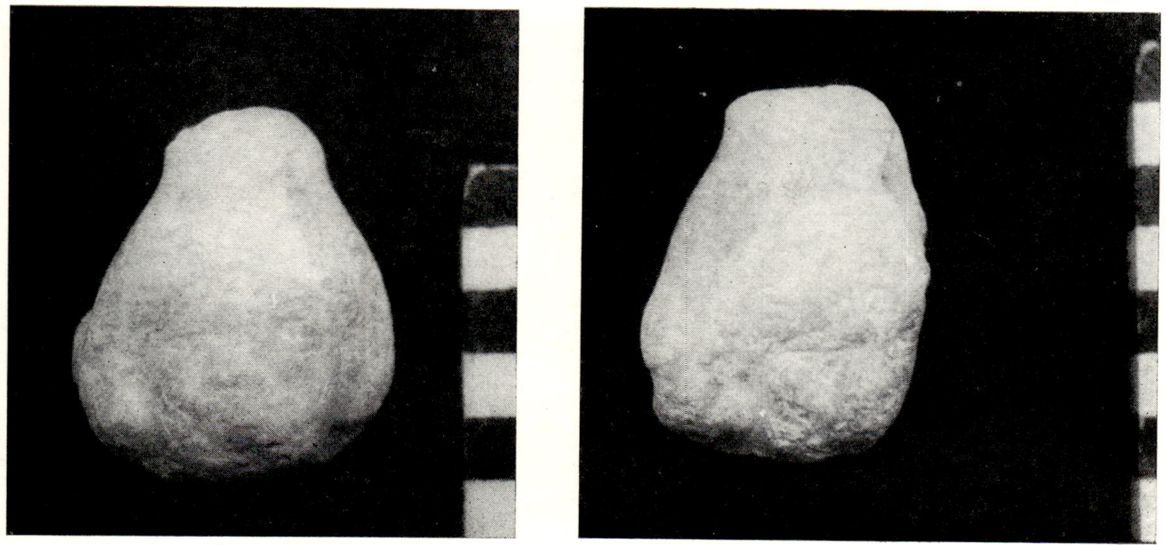

57–58. Tête féminine, IVᵉ siècle de n.è., cat. n° 28 (phot. Z. Kiss)

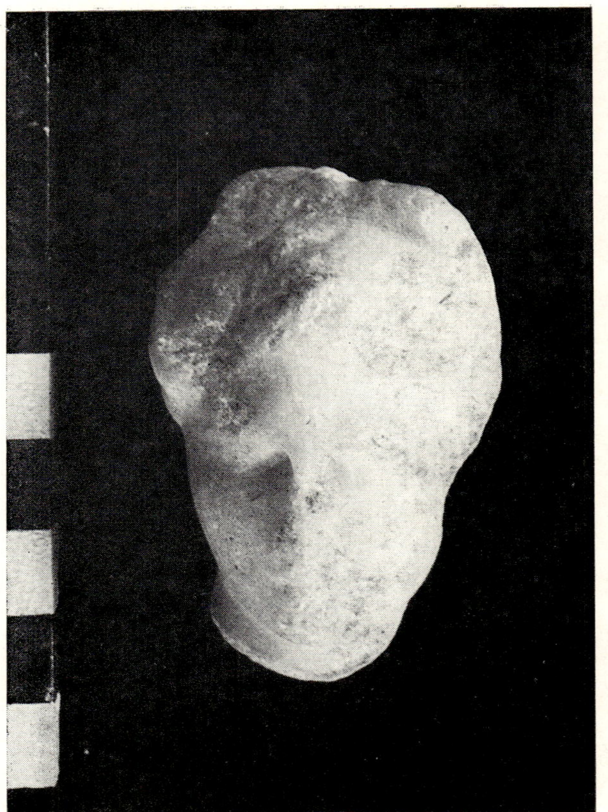

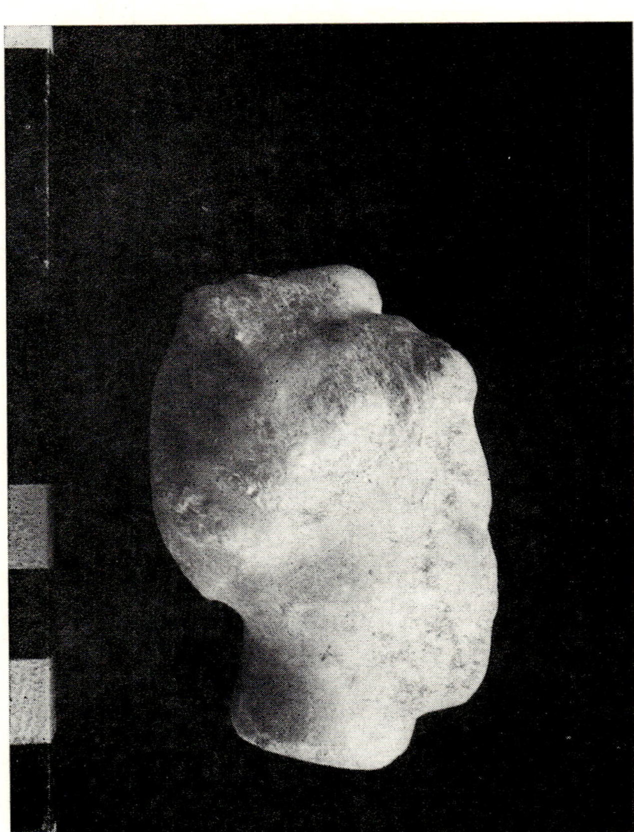

59–61. Tête féminine, cat. n° 27 (phot. A. Bodytko)

62. Tête féminine, fin du IIIe siècle de n.è., cat. n° 29 (phot. A. Bodytko)

63. Fragment de coiffure, Ier siècle de n.è., cat. n° 35 (phot. A. Bodytko)

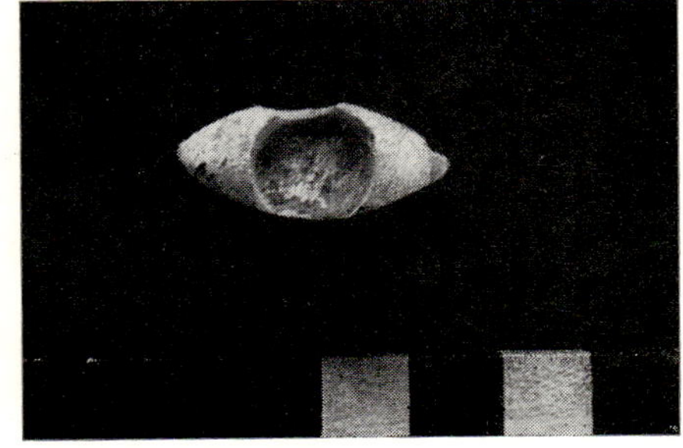

64. Œil, moitié du IIe siècle de n.è., cat. n° 36 (phot. A. Bodytko)

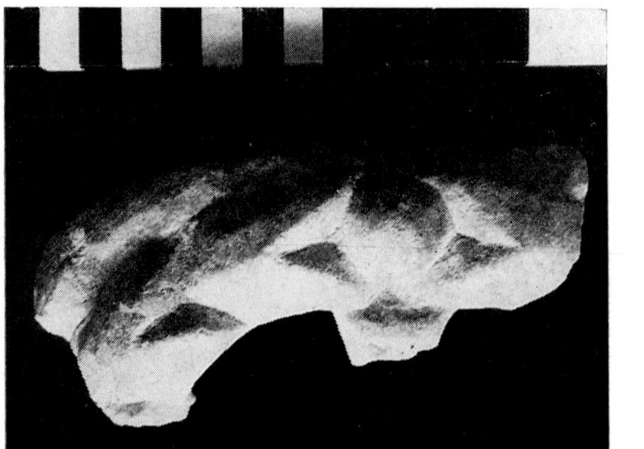

65. Fragment de couronne, Ier siècle de n.è., cat. n° 30 (phot. A. Bodytko)

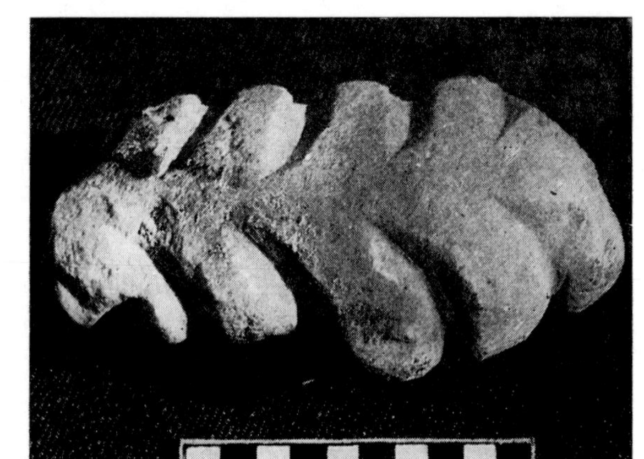

66. Fragment de couronne, Ier siècle de n.è., cat. n° 31 (phot. A. Bodytko)

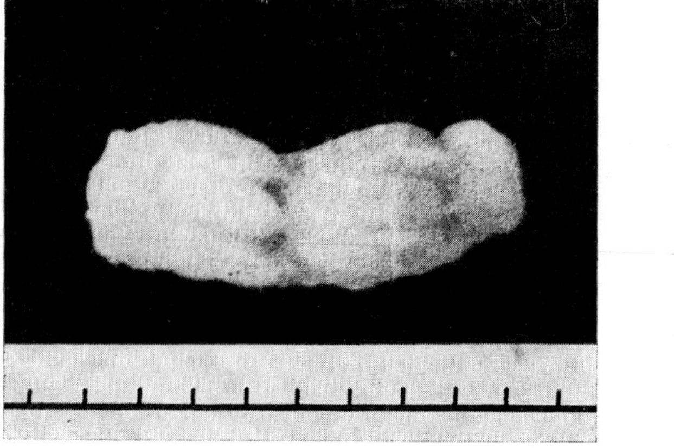

67. Fragment de couronne, IIe siècle de n.è., cat. n° 32 phot. Z. Kiss)

68. Fragment de diadème, cat. n° 33 (phot. Z. Doliński)

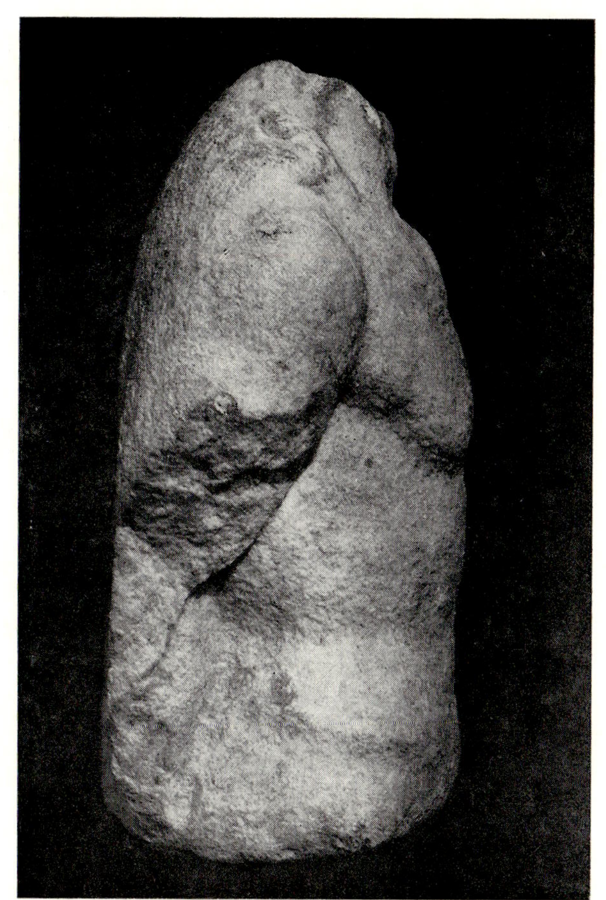

69–70. Torse de Hermès, Ier siècle de n.è., cat. n° 37 (phot. A. Bodytko)

71. Torse de Demeter, IIᵉ siècle avant n.è., cat. n° 38 (phot. T. Biniewski)

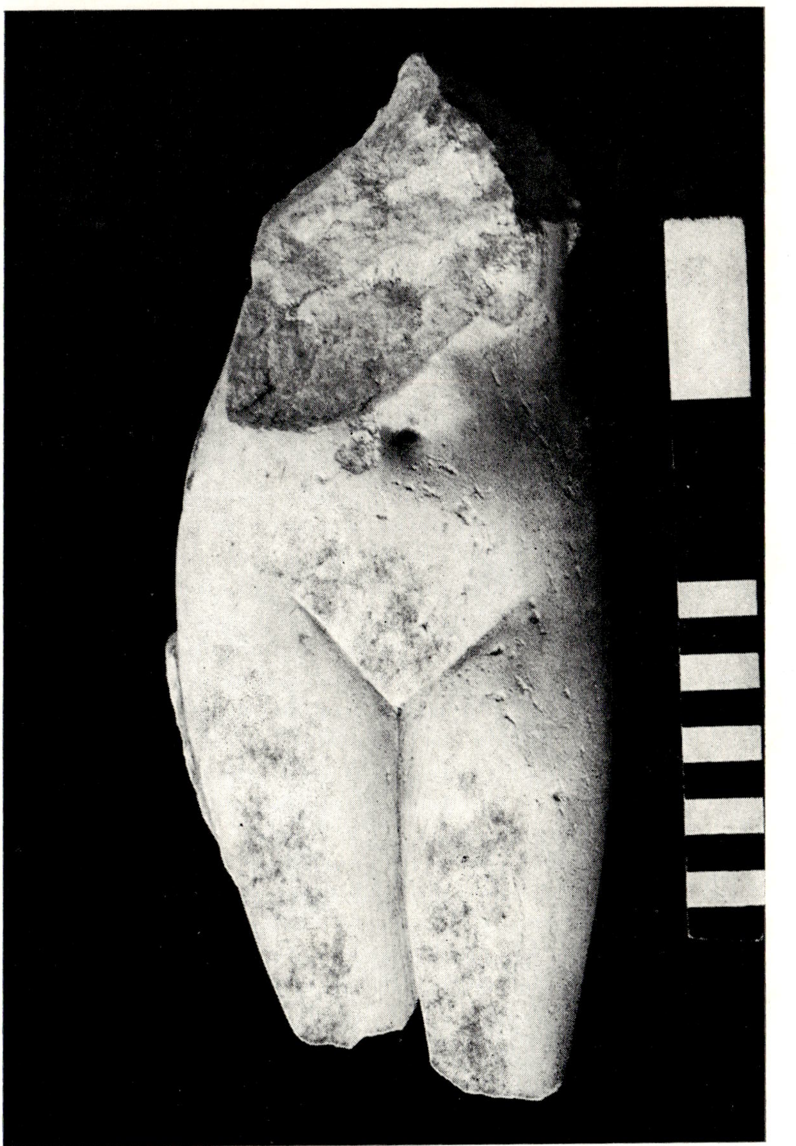
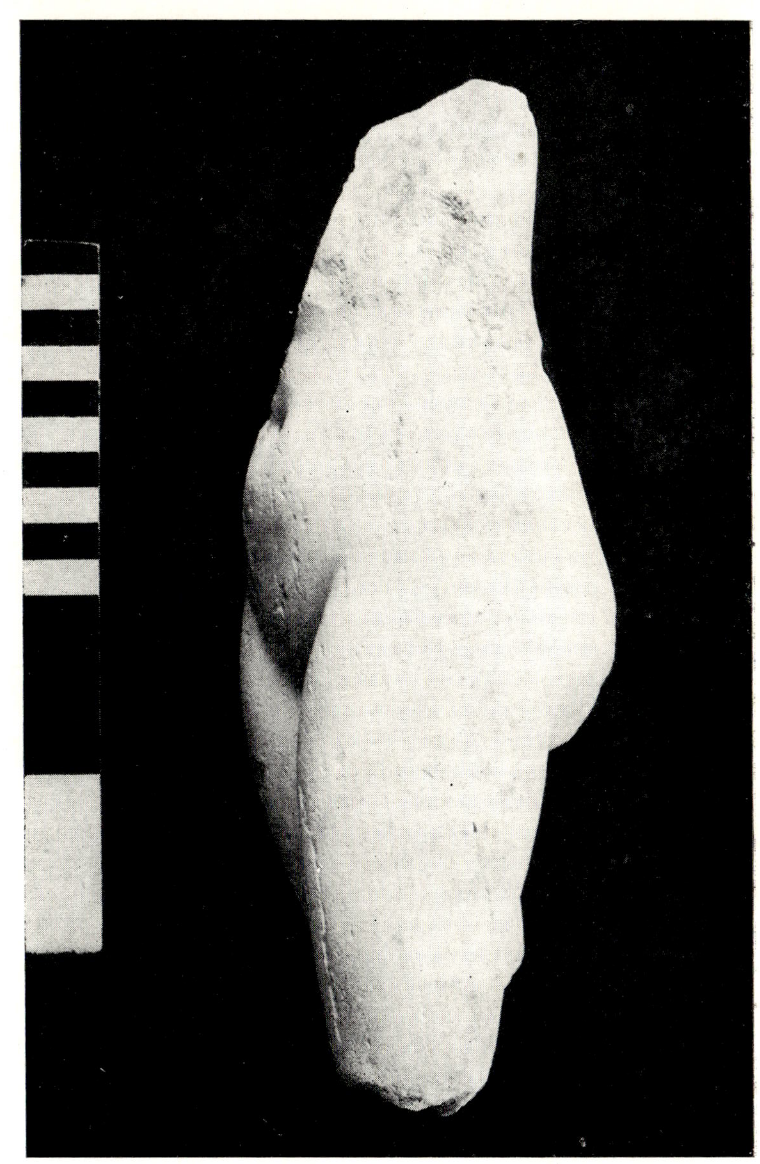

72–73. Torse d'Aphrodite, IIe–Ier siècles avant n.è., cat. n° 39 (phot. A. Bodytko)

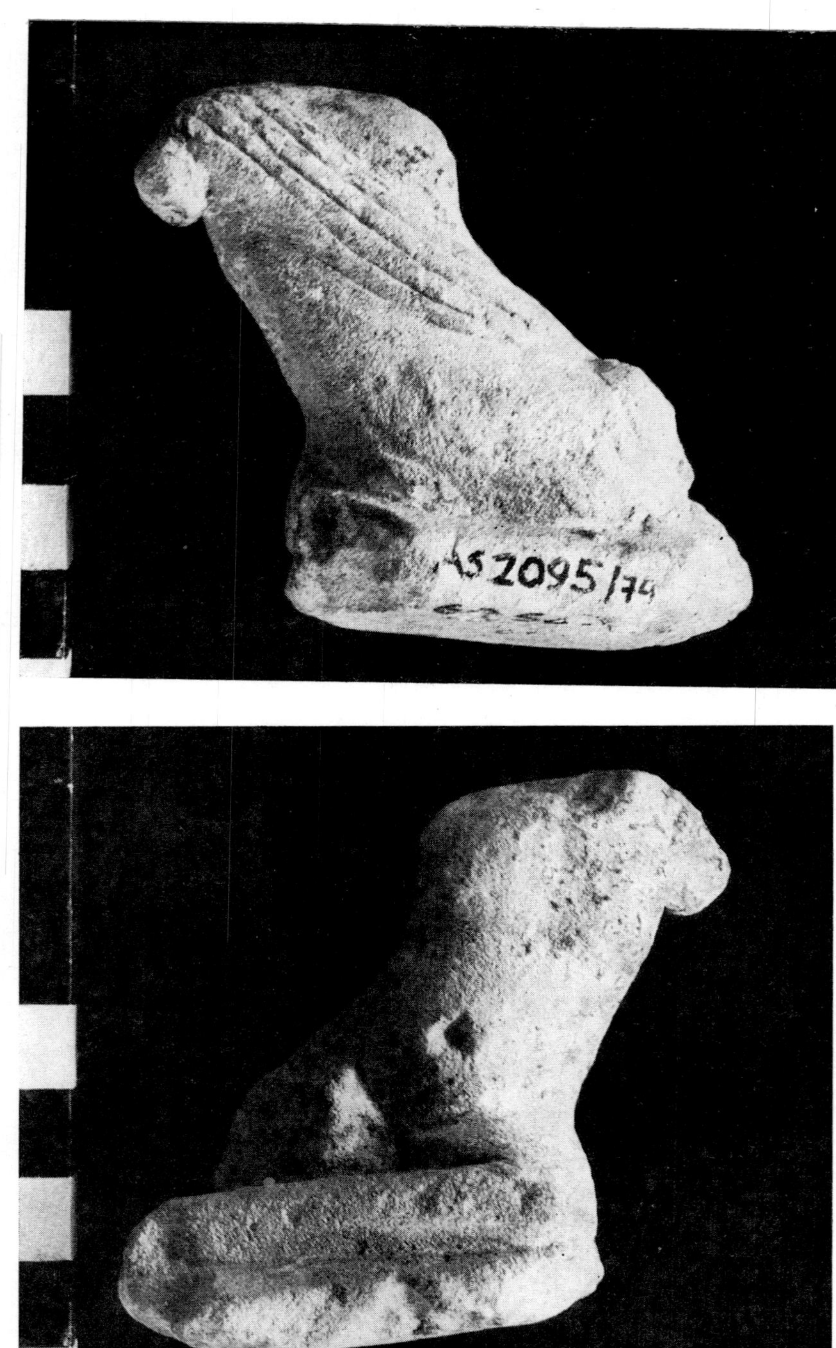

74–75. Niobide, époque romaine, cat. n° 40 (phot. A. Bodytko)

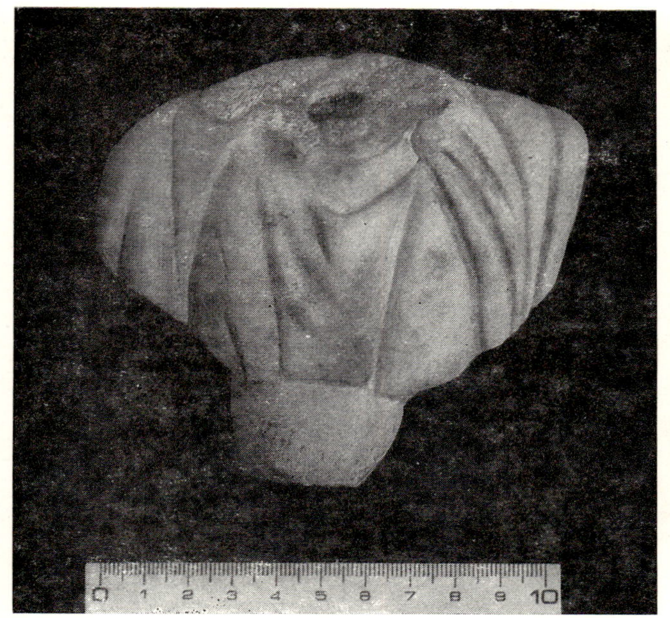

76–77. Buste, IIIe siècle de n.è., cat. n° 41 (phot. Z. Doliński)

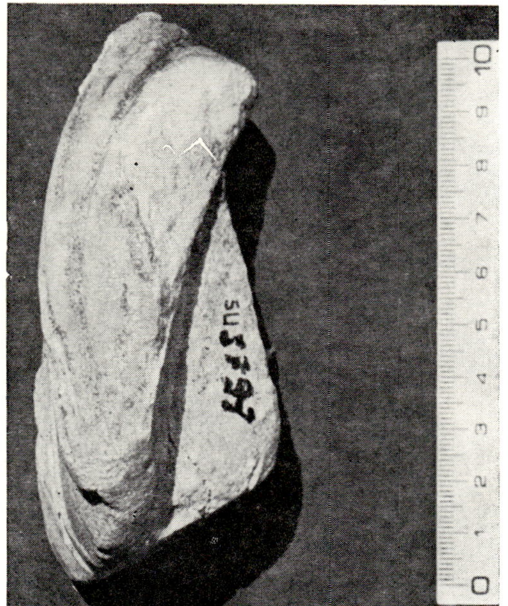

78–79. Buste, Ier siècle de n.è., cat. n° 42 (phot. Z. Doliński)

80. Buste, cat. n° 43 (phot. A. Bodytko)

83. Sein, cat. n° 45 (phot. A. Bodytko)

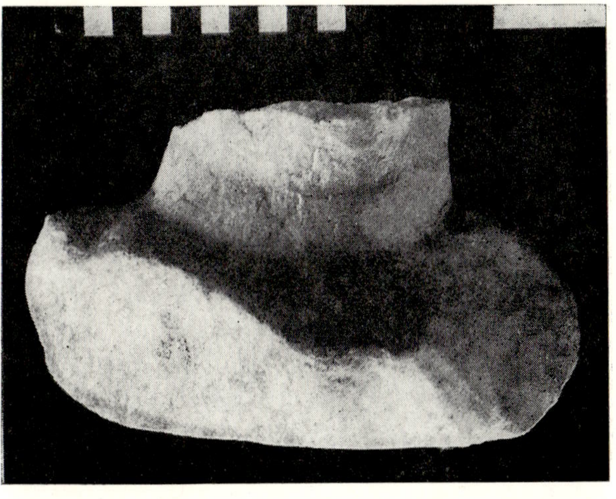

81–82. Buste, cat. n°44 (phot. A. Bodytko)

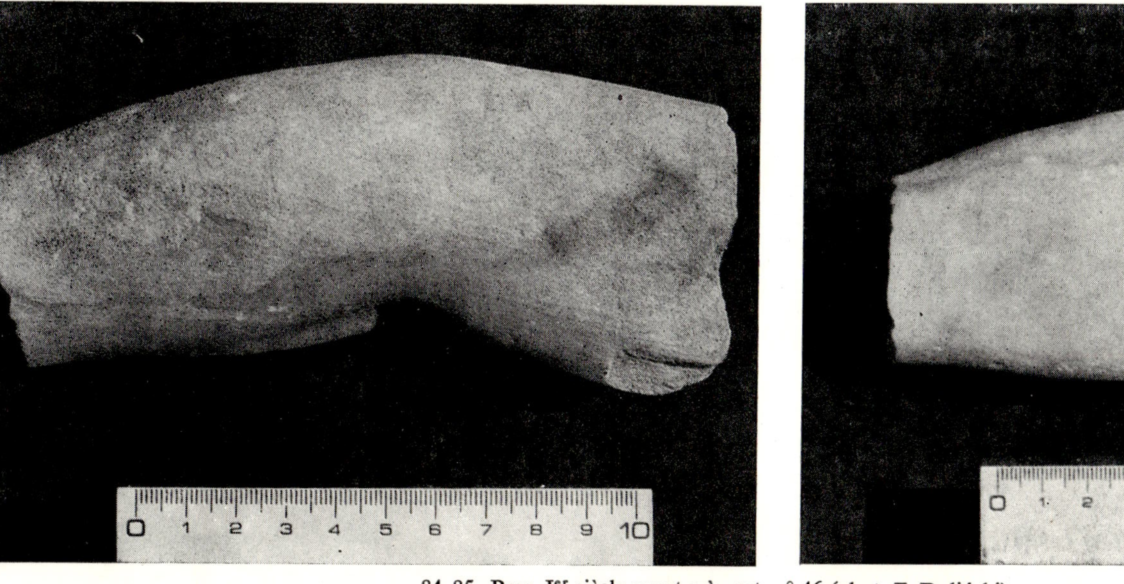

84–85. Bras, Ier siècle avant n.è., cat. n° 46 (phot. Z. Doliński)

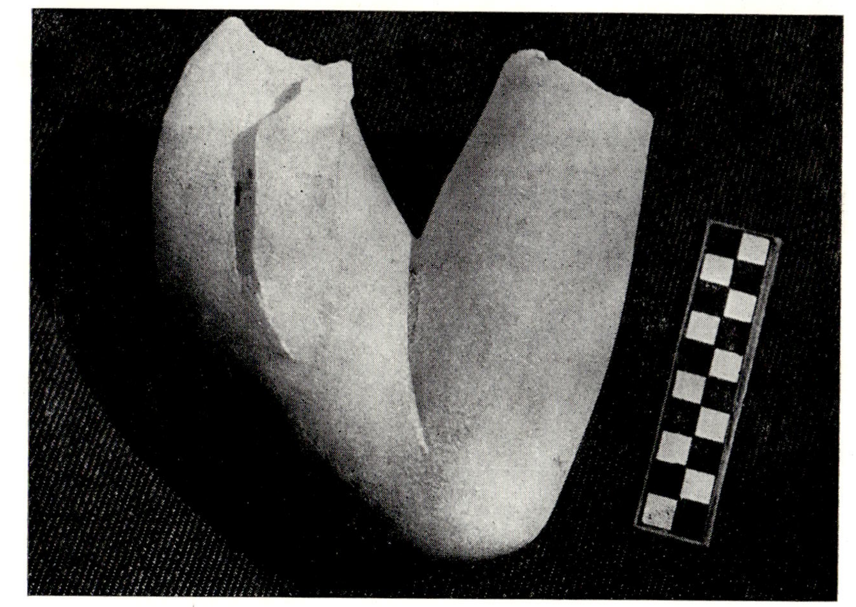

86–87. Bras, Ier siècle de n.è, cat. n° 47 (phot. A. Bodytko)

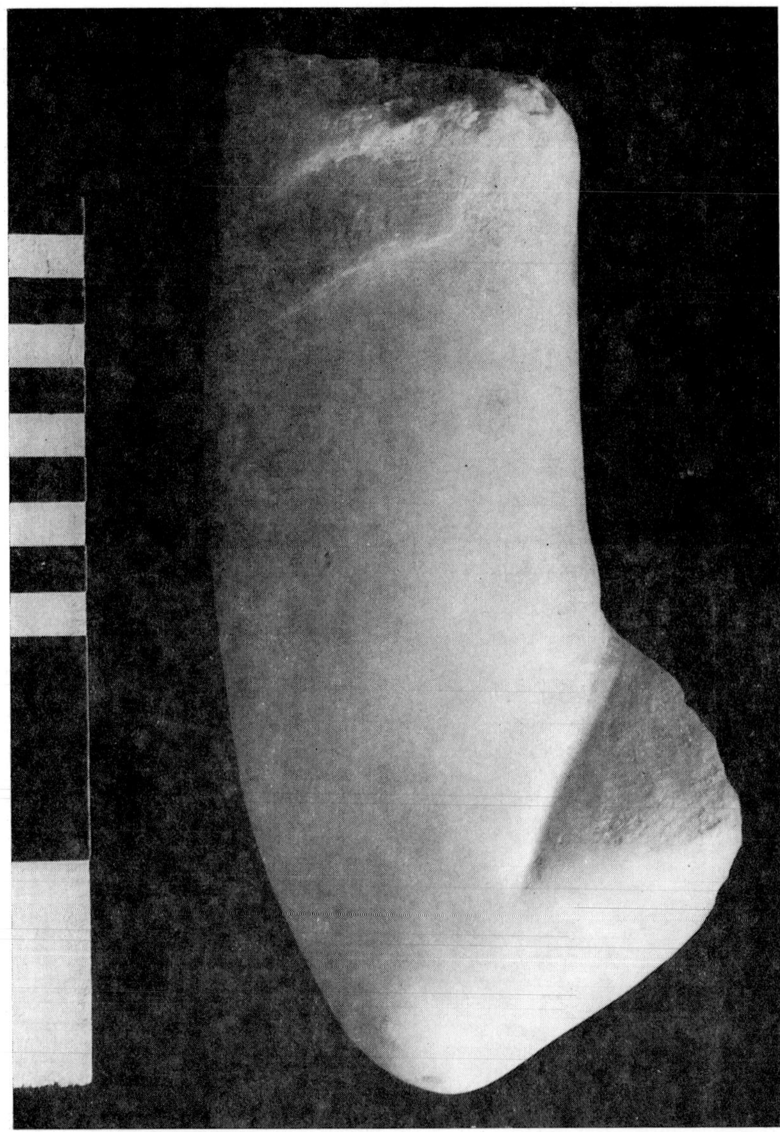

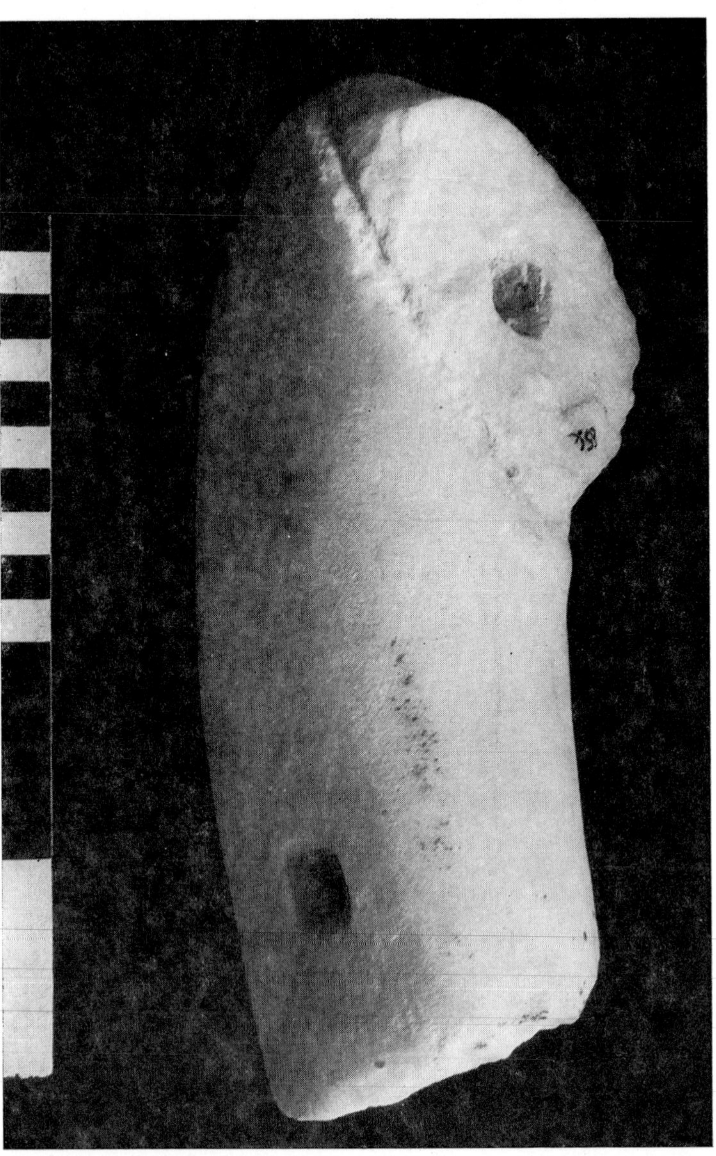

88–89. Bras, Ier siècle de n.è., cat. n° 49 (phot. A. Bodytko)

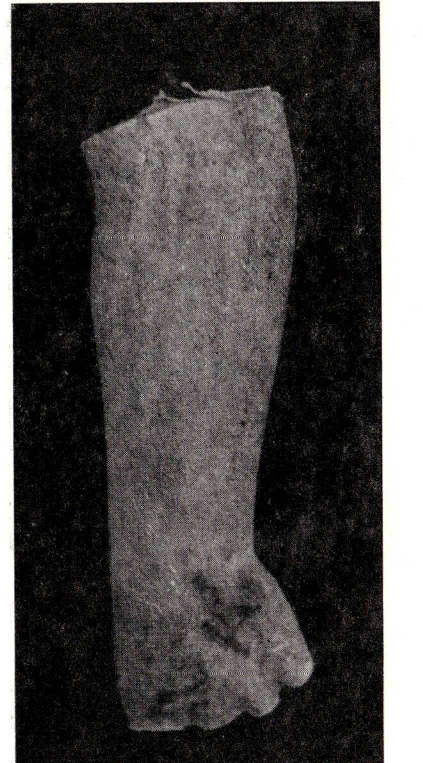

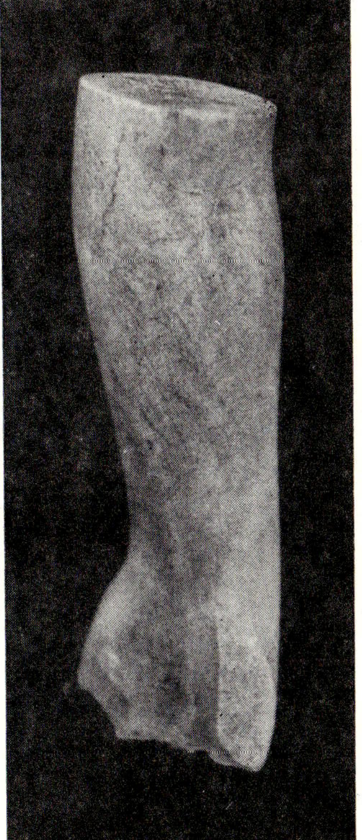

90–91. Bras, fin IIe–début IIIe siècles de n.è., cat. n° 48 (phot. A. Bodytko)

92. Bras, cat. n° 50 (phot. A. Bodytko)

93. Bras, IIe–IIIe siècles de n.è., cat. n° 54
(phot. Z. Doliński)

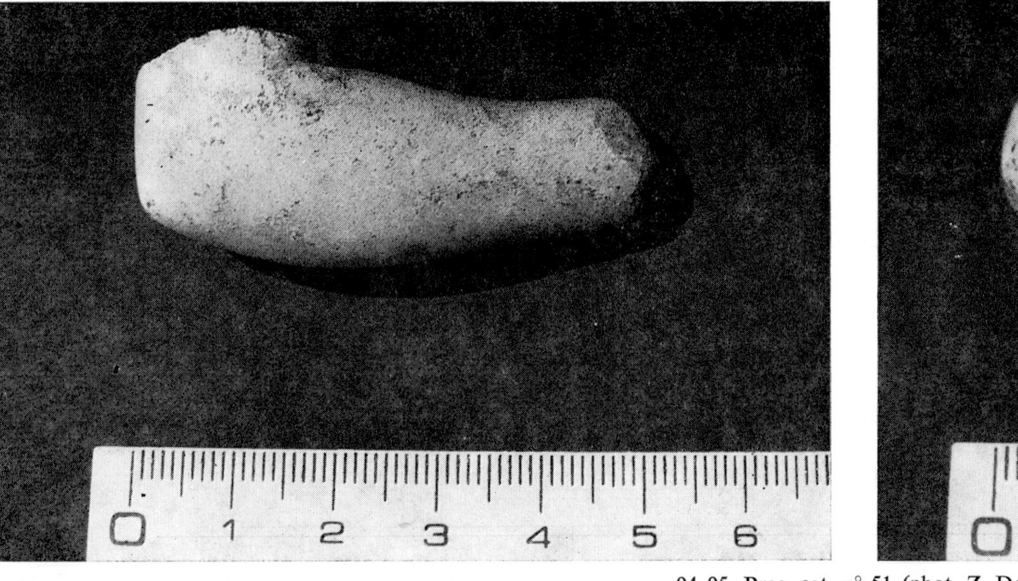

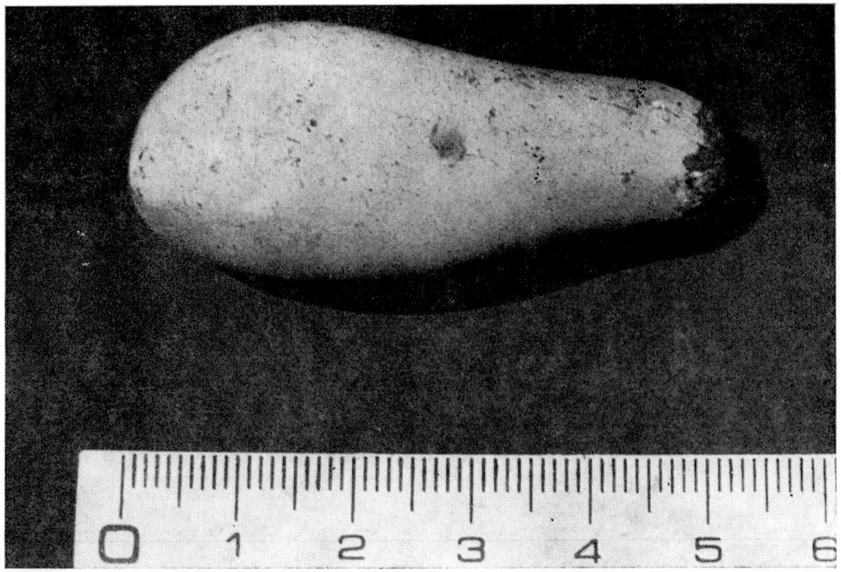

94–95. Bras. cat. n° 51 (phot. Z. Doliński)

96. Bras, cat. n° 53 (phot. A. Bodytko)

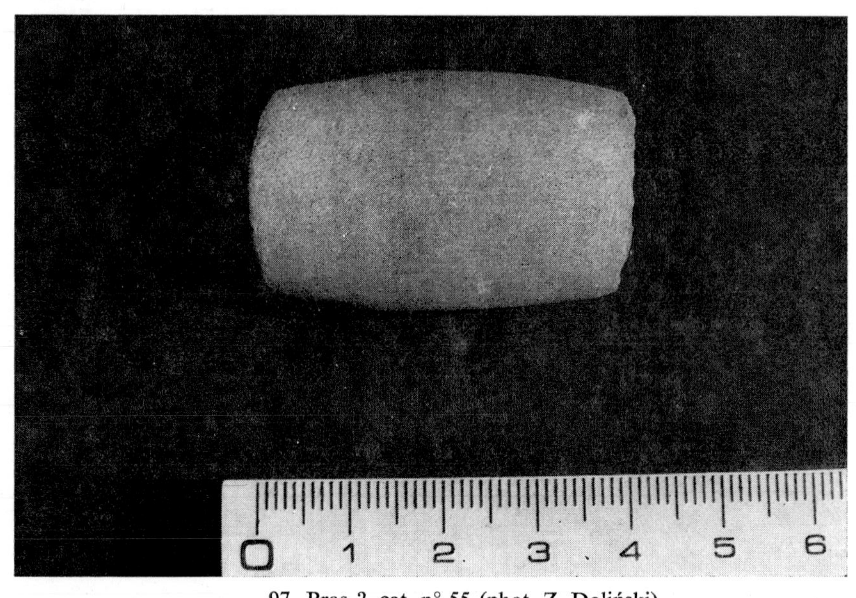

97. Bras ?, cat. n° 55 (phot. Z. Doliński)

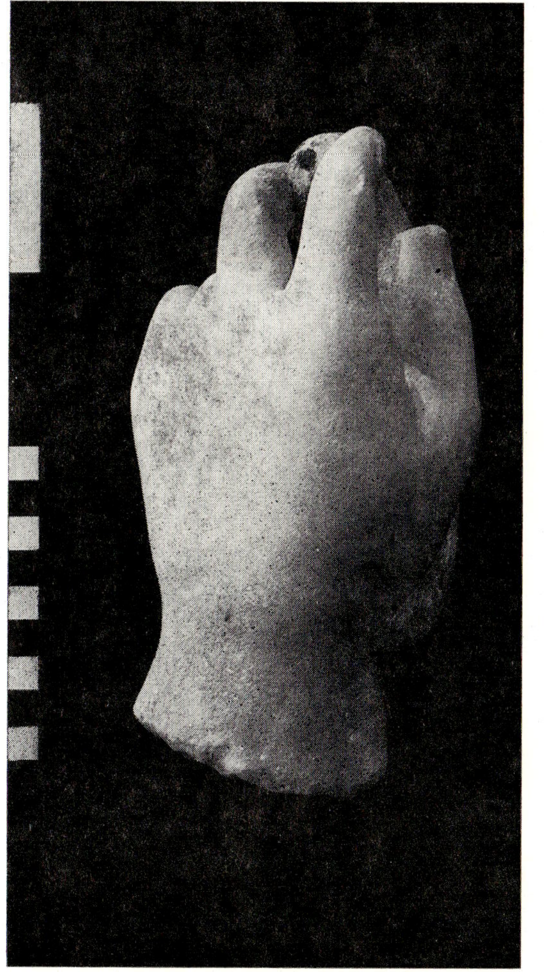

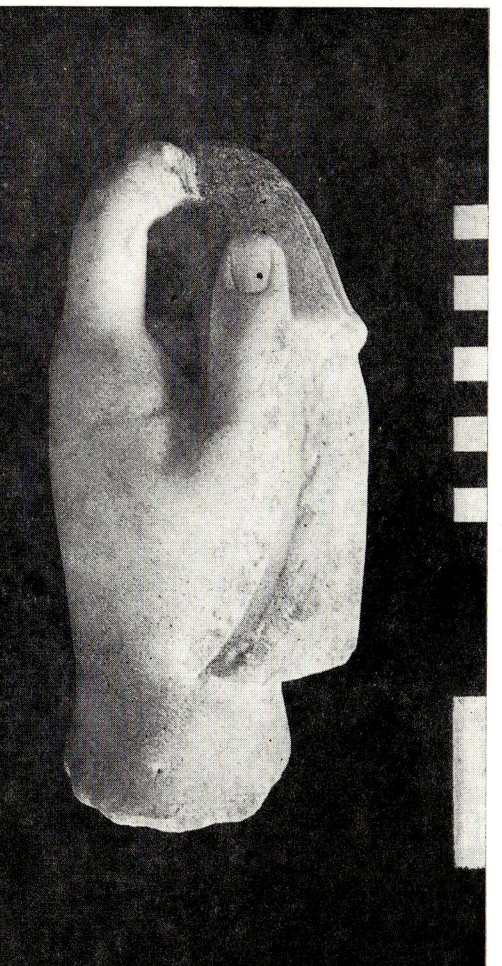

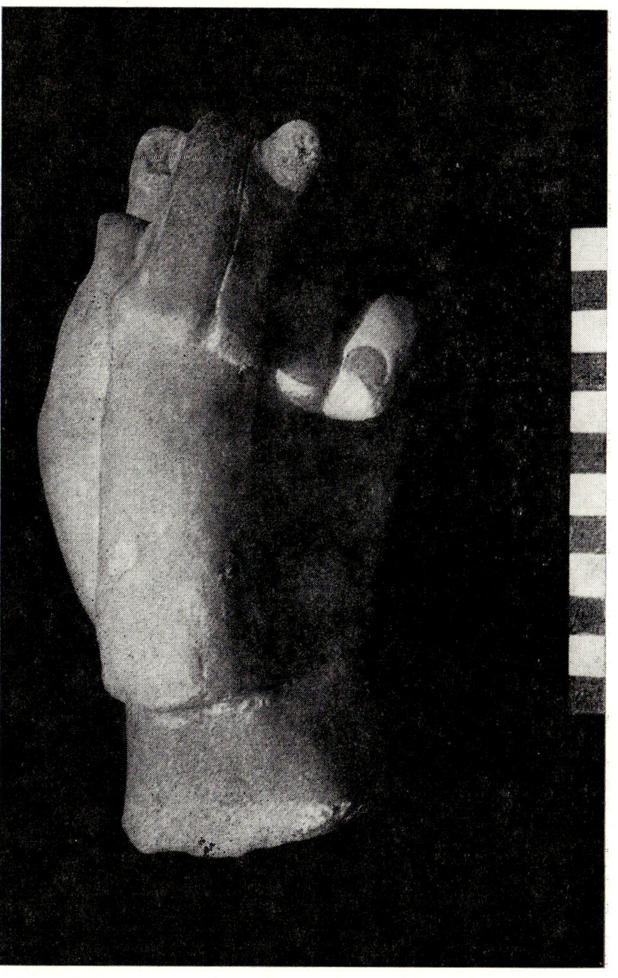

98–100. Main avec phallus, Ier siècle de n.è., cat. n° 56 (phot. A. Bodytko)

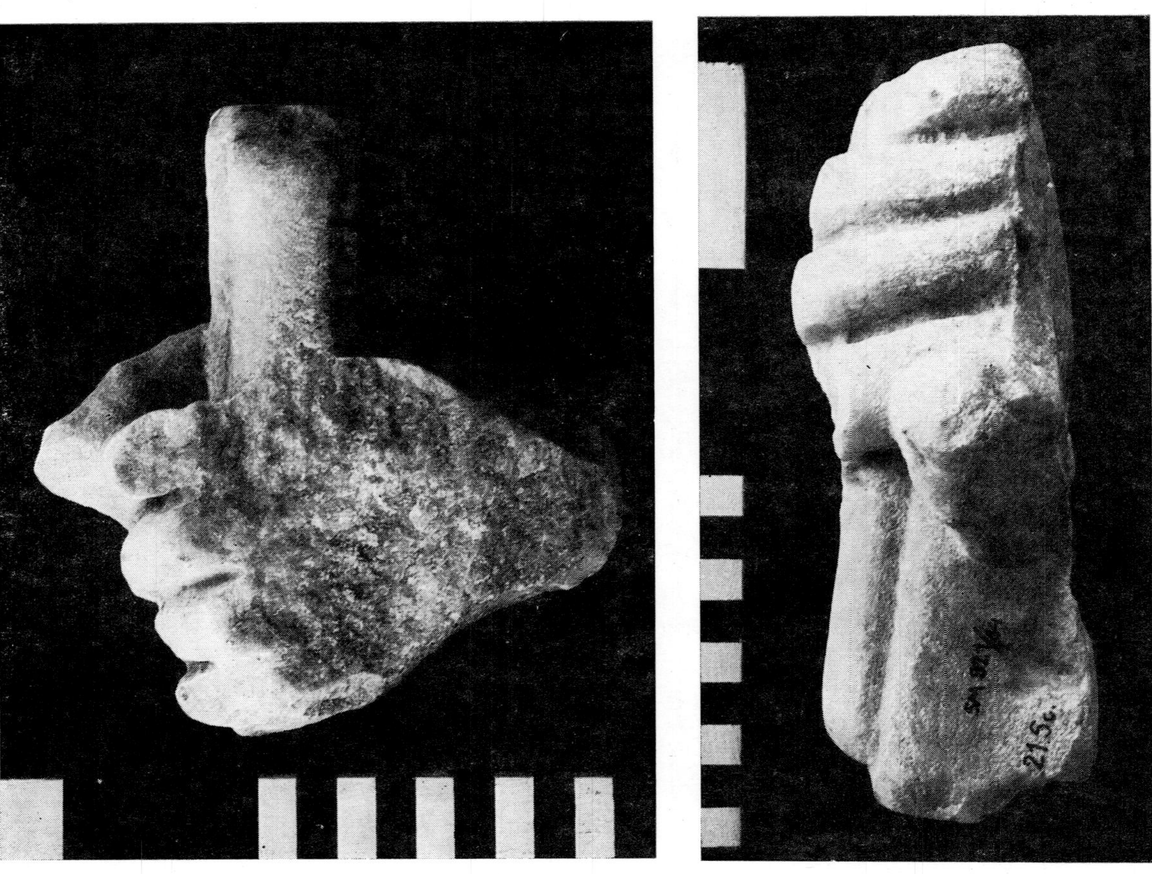

101–102. Main avec clef, IIe–Ier siècles avant n.è., cat. n° 57 (phot. A. Bodytko)

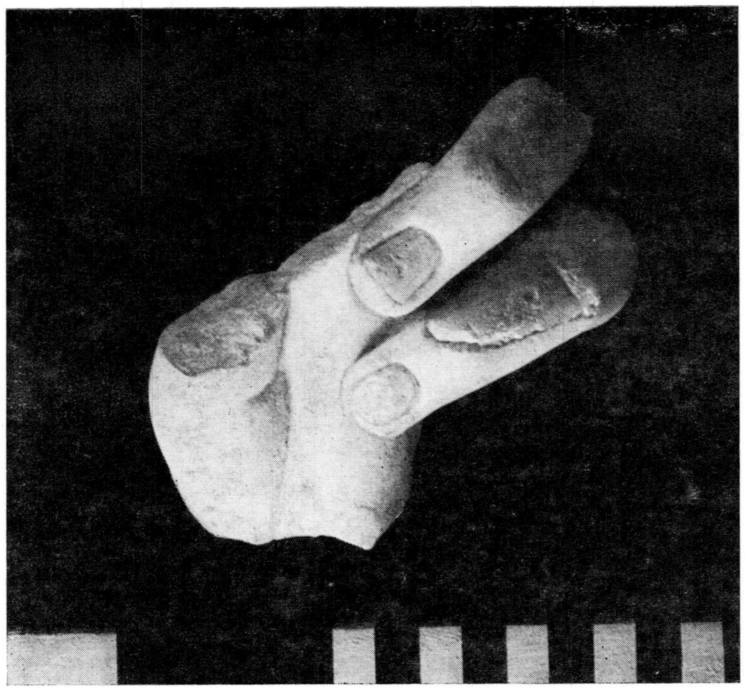

103. Main avec sceptre, IIIe siècle de n.è., cat. n° 58 (phot. A. Bodytko)

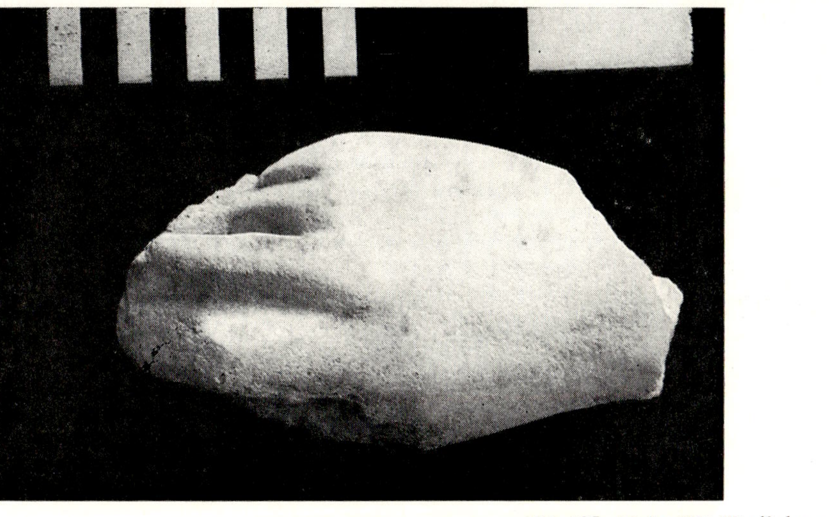

104–105. Main, IIIe–IIe siècles avant n.è., cat. n° 59 (phot. A. Bodytko)

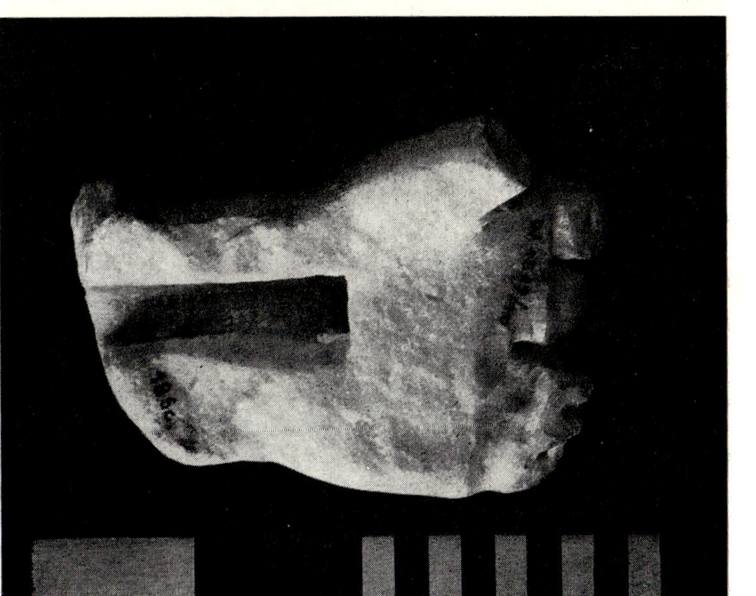

106–107. Main, début du IIIe siècle de n.è., cat. n° 60 (phot. A. Bodytko)

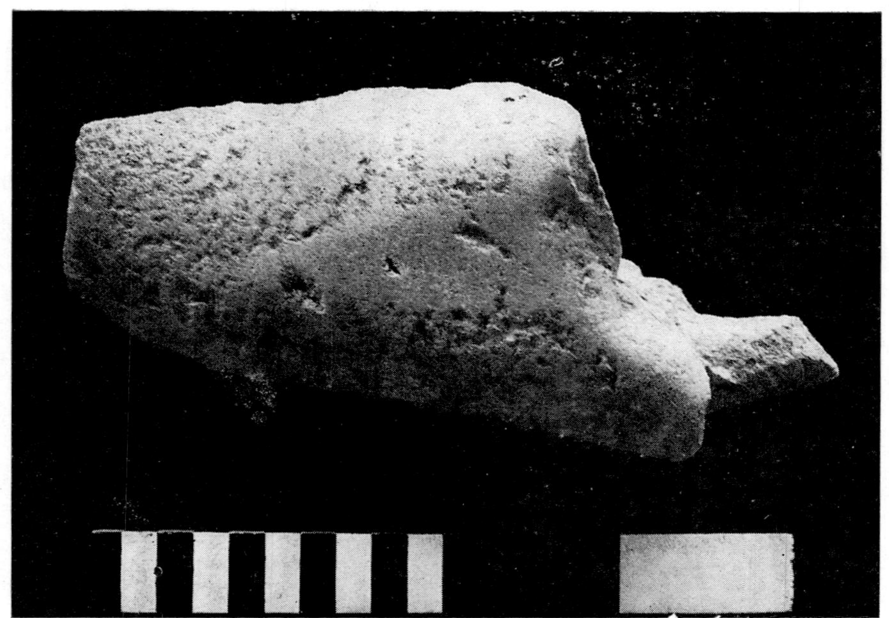

108–109. Main, cat. n° 62 (phot. A. Bodytko)

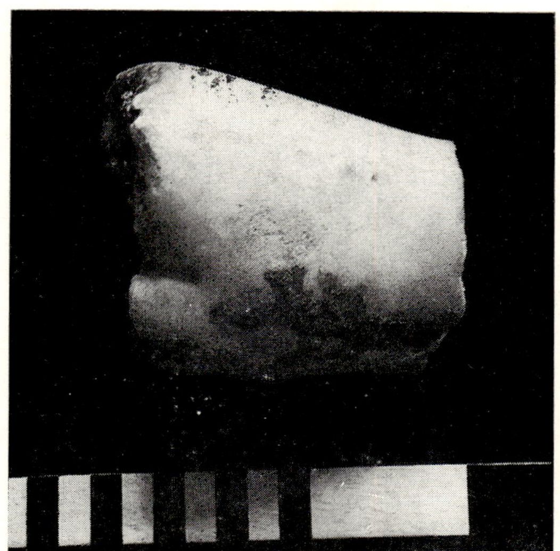

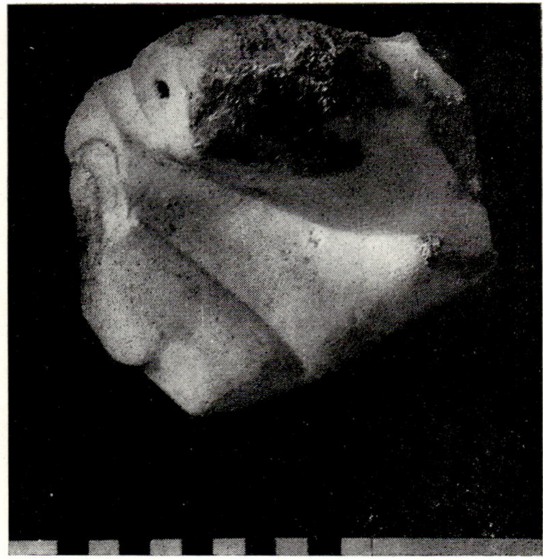

110–111. Main, Ier siècle de n.è., cat. n° 61 (phot. A. Bodytko)

112. Main, cat. n° 63 (phot. A. Bodytko)

113–114. Main, cat. n° 64 (phot. A. Bodytko)

115. Main, cat. n° 65 (phot. A. Bodytko)

116. Main?, cat. n° 66 (phot. A. Bodytko)

117. Doigt, IIe siècle de n.è., cat. n° 67 (phot. A. Bodytko)

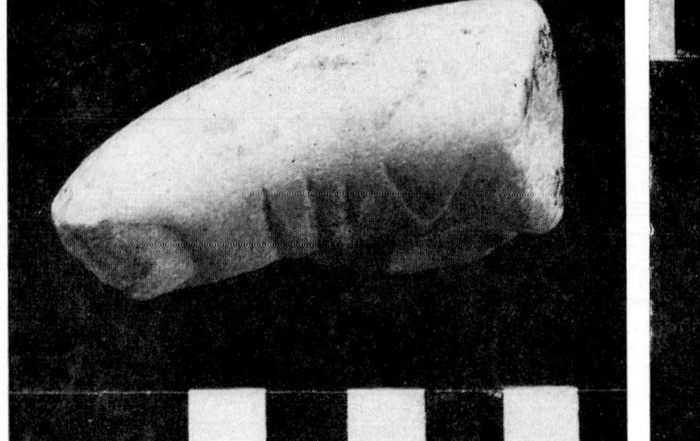

118–119. Doigt, IIe siècle de n.è., cat. n° 68 (phot. A. Bodytko)

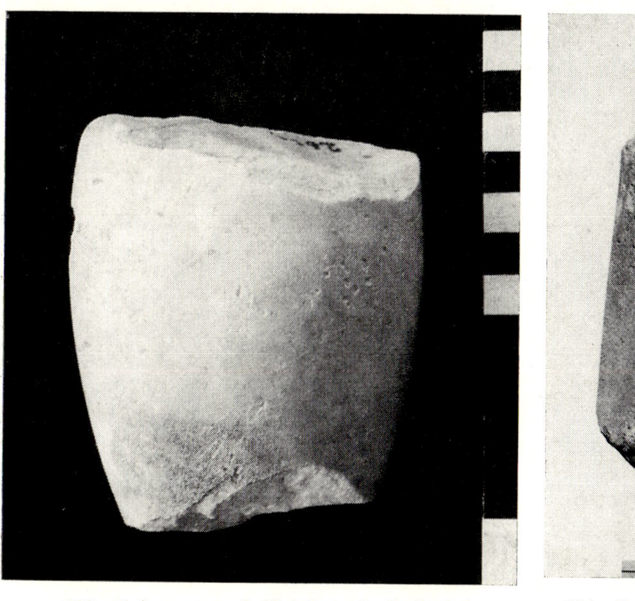

120. Cuisse, cat. n° 69 (phot. A. Bodytko)

121. Cuisse, cat. n° 70 (phot. Z. Doliński)

122. Cuisse ?, cat. n° 71 (phot. A. Bodytko)

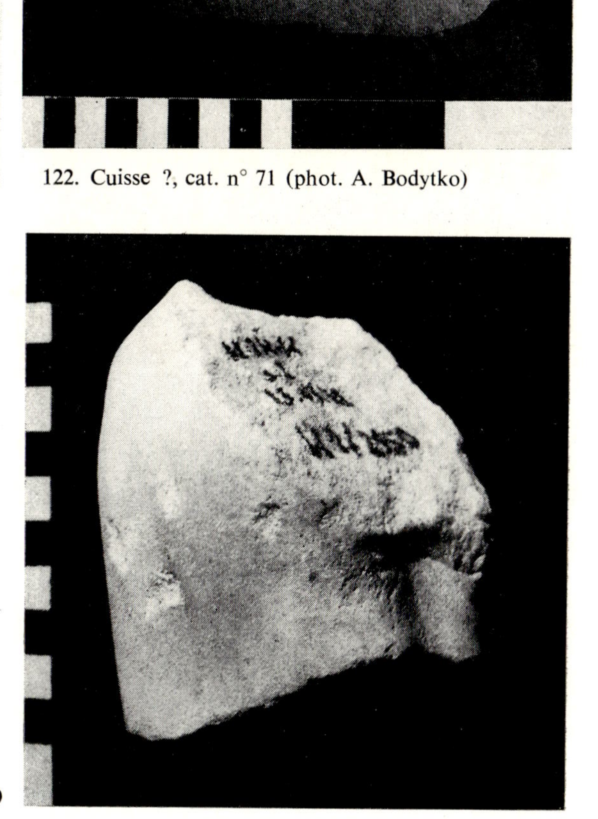

123. Genou, cat. n° 72 (phot. A. Bodytko)

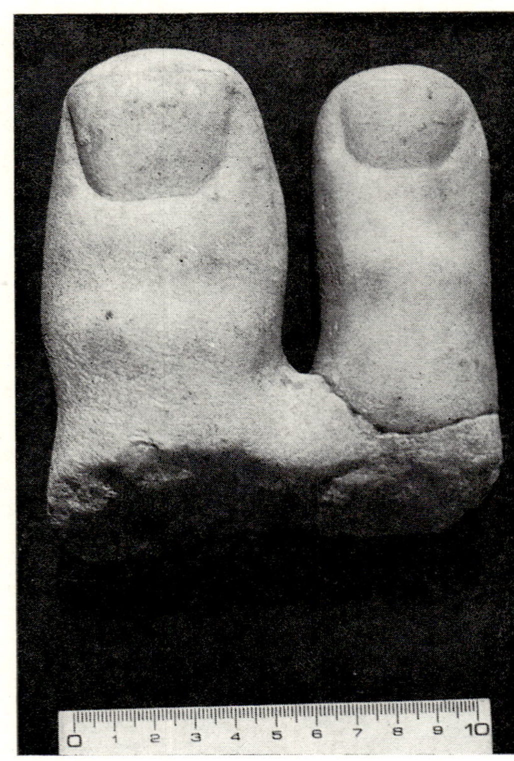

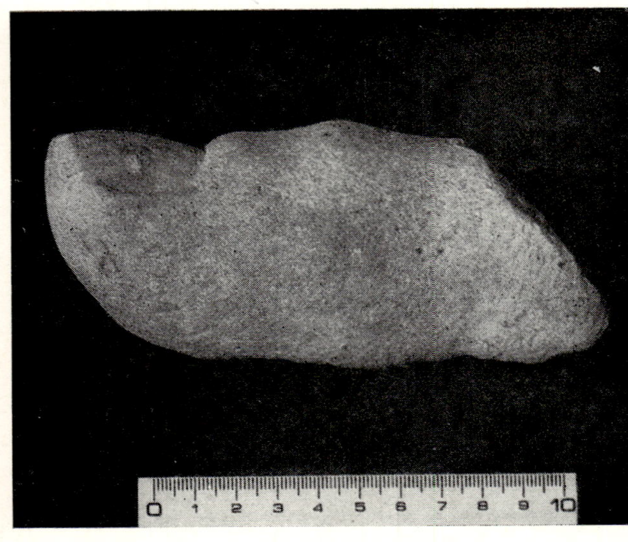

124–125. Fragment de pied, IIe siècle de n.è., cat. n° 73 (phot. Z. Doliński)

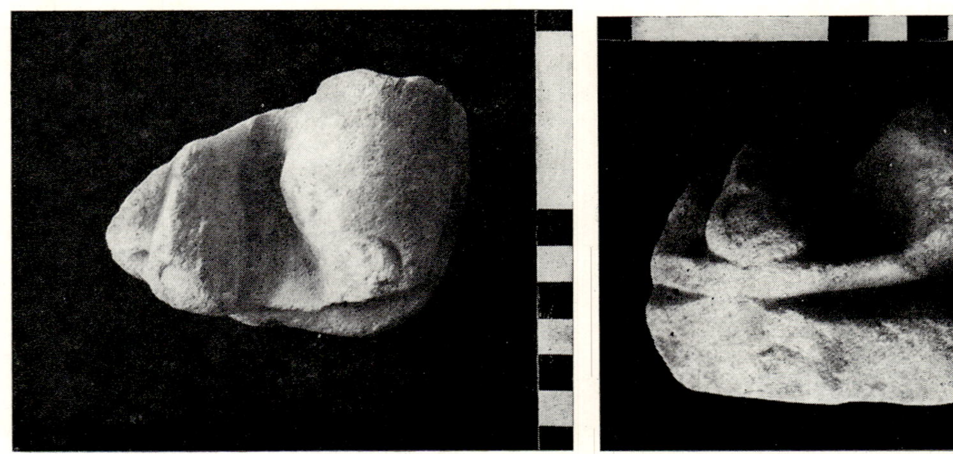

126–127. Pied, Ier siècle de n.è., cat. n° 74 (phot. A. Bodytko)

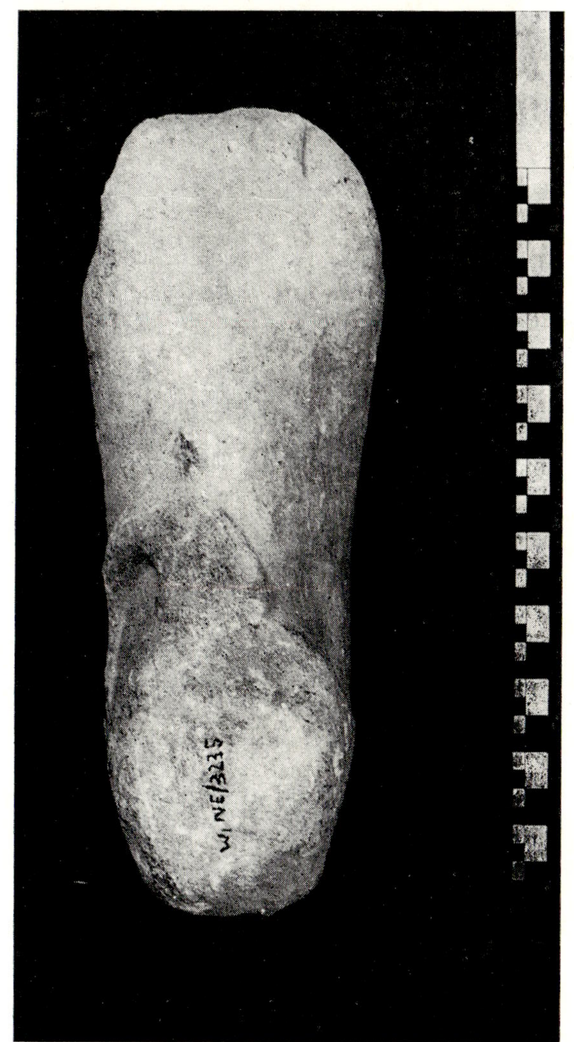

128–130. Pied votif, Ier–IIe siècles de n.è., cat. n° 75 (phot. Z. Doliński)

131–132. Base avec pieds, IVe siècle de n.è., cat. n° 77 (phot. A. Bodytko)

133. Base avec pied, IIe siècle de n.è., cat. n° 76 (phot. Z. Doliński)

134–135. Base avec sabot, cat. n° 78 (phot. A. Bodytko)

136–137. Fragment d'édicule, IIe–IIIe siècles de n.è., cat. n° 79 (136 — phot. W. Jerke, 137 — phot. A. Bodytko)

138. Fragment de togatus, Ier siècle de n.è., cat. n° 80 (phot. A. Bodytko)

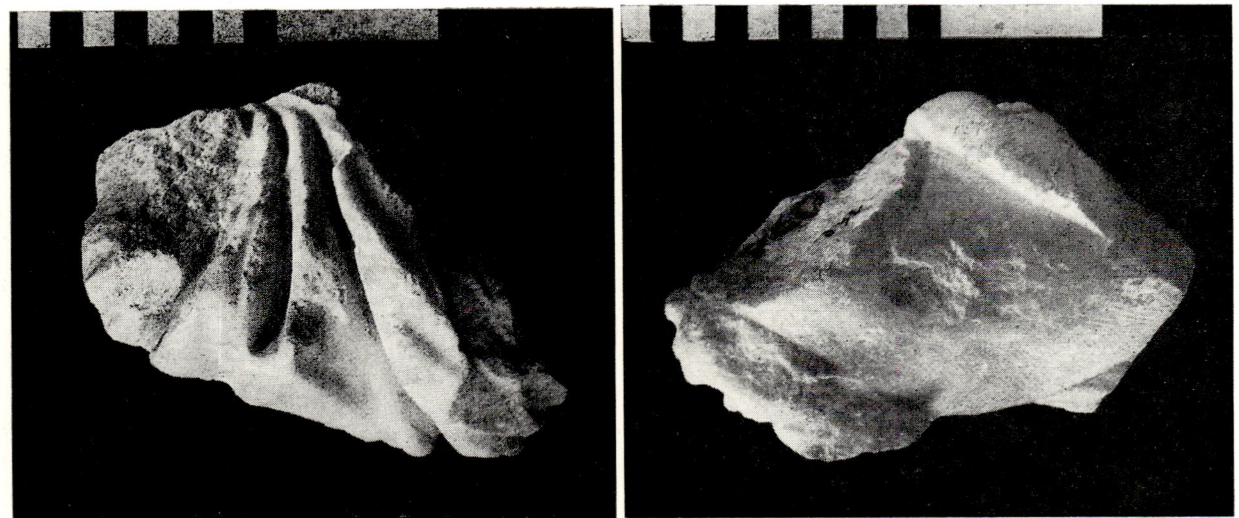

139–140. Fragment de bras avec draperie, IIIe siècle de n.è., cat. n° 81 (phot. A. Bodytko)

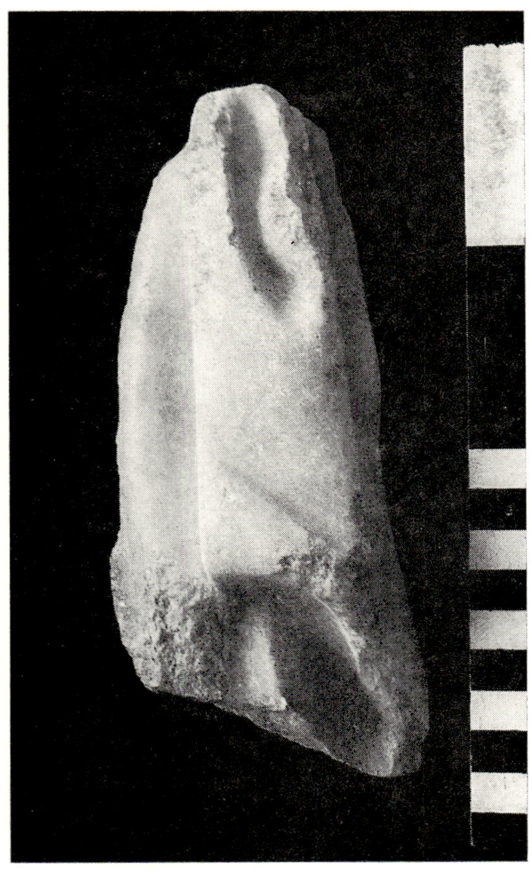

141–142. Fragment de draperie, fin du IIe siècle de n.è., cat. n° 82 (phot. A. Bodytko)

143–144. Fragment de draperie, fin du IIe siècle avant n.è., cat. n° 83 (phot. A. Bodytko)

145. Fragment de draperie, Ier siècle avant n.è. – IIe siècle de n.è., cat. n° 84 (phot. A. Bodytko)

146–147. Fragment de draperie, fin du IIIe siècle de n.è., cat. n° 85 (phot. A. Bodytko)

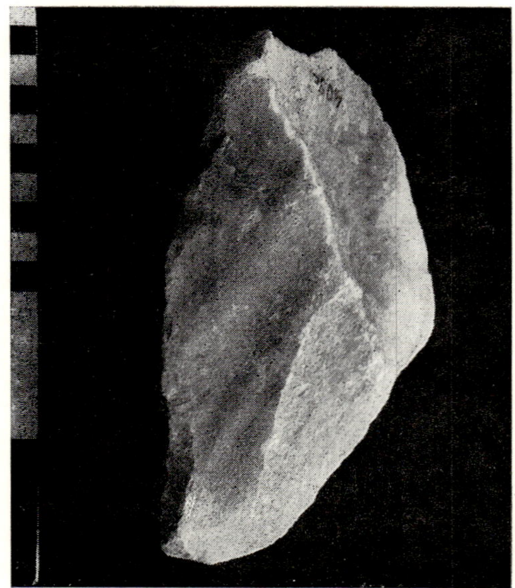

148. Fragment de draperie, cat. n° 86 (phot. A. Bodytko)

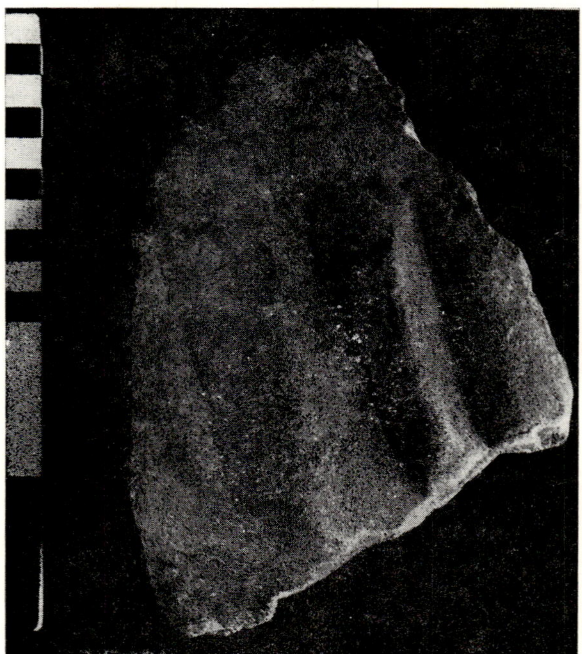

149. Fragment de draperie, IIe–Ier siècles avant n.è., cat. n° 87 (phot. A. Bodytko)

150. Fragment de draperie, cat. n° 88 (phot. A. Bodytko)

151. Fragment de draperie, cat. n° 89 (phot. A. Bodytko)

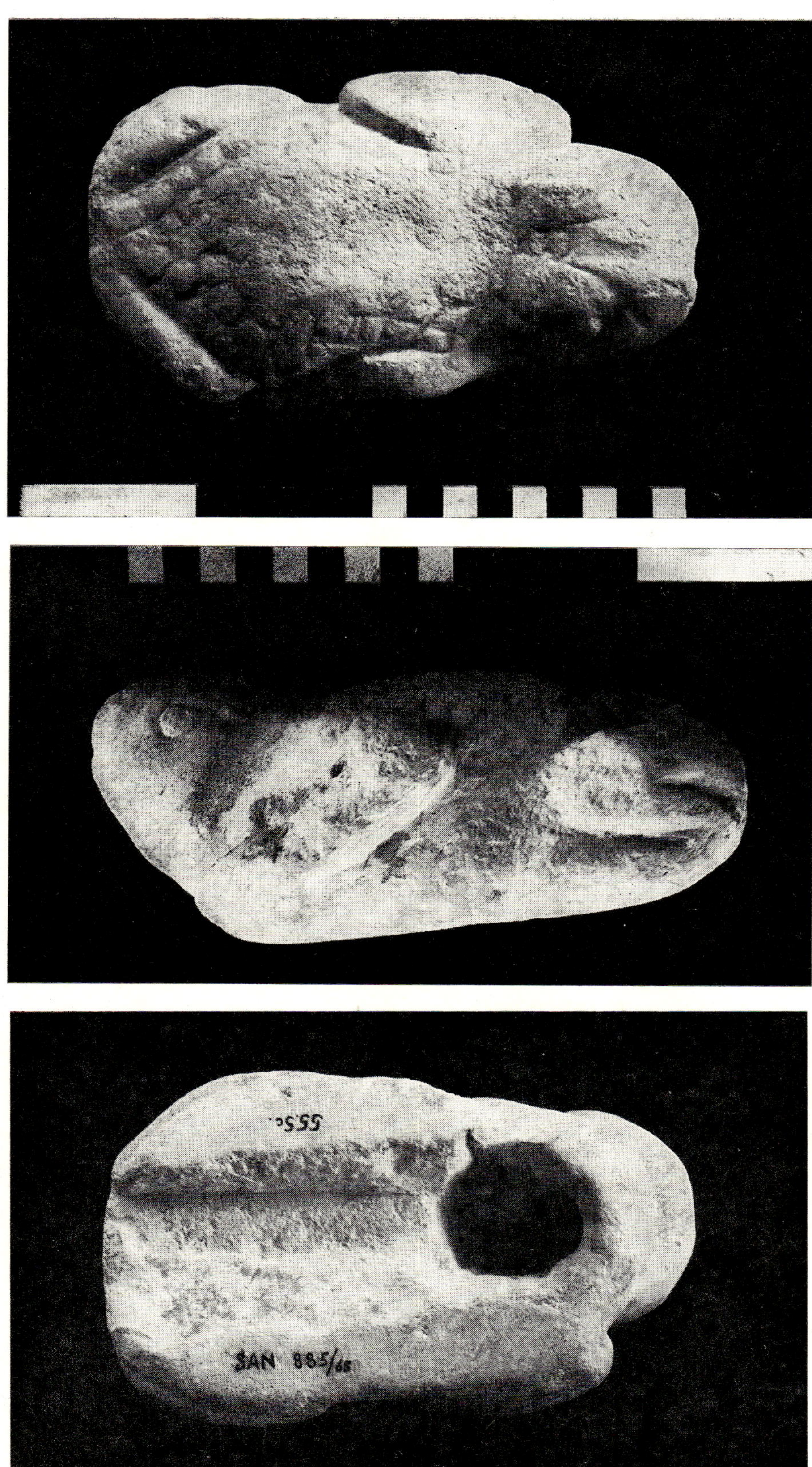

152–154. Grenouille, IVᵉ siècle de n.è., cat. n° 90 (phot. A. Bodytko)

155–156. Animal, cat. n° 91 (phot. A. Bodytko)

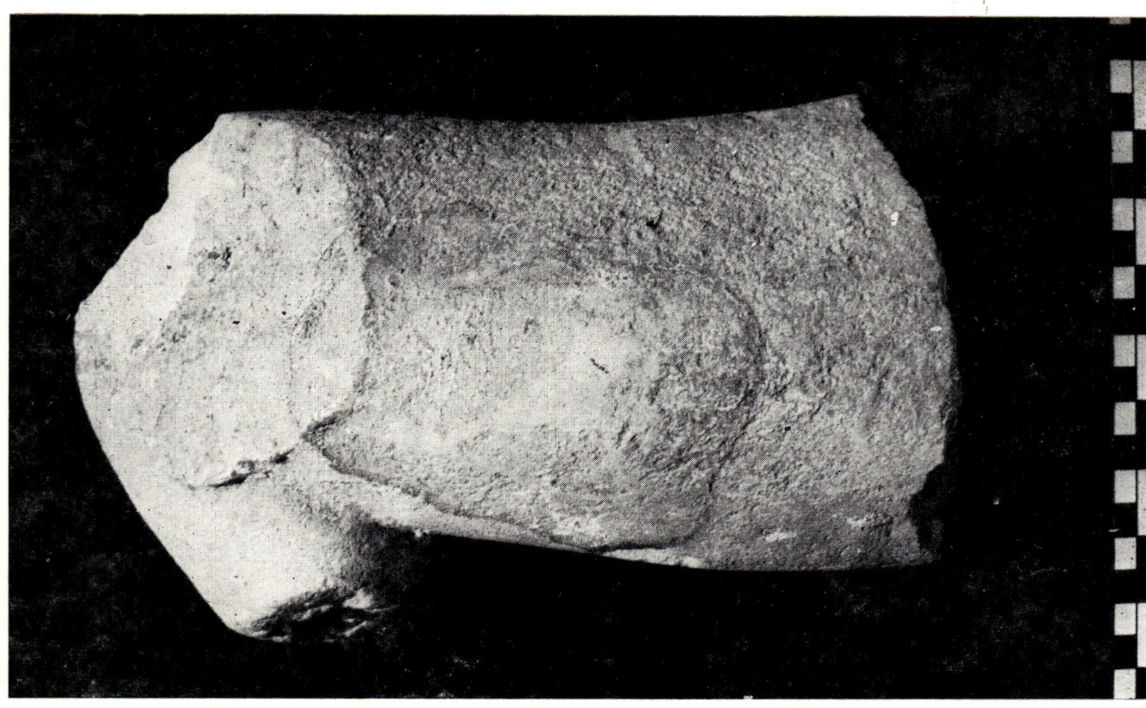

157–158. Arrière-train d'un animal, cat. n° 93 (phot. Z. Doliński)

159–160. Arrière-train d'un animal, Ier siècle avant n.è.,–Ier siècle de n.è., cat. n° 92 (phot. A. Bodytko)

161–162. Patte, cat. n° 94 (phot. A. Bodytko)

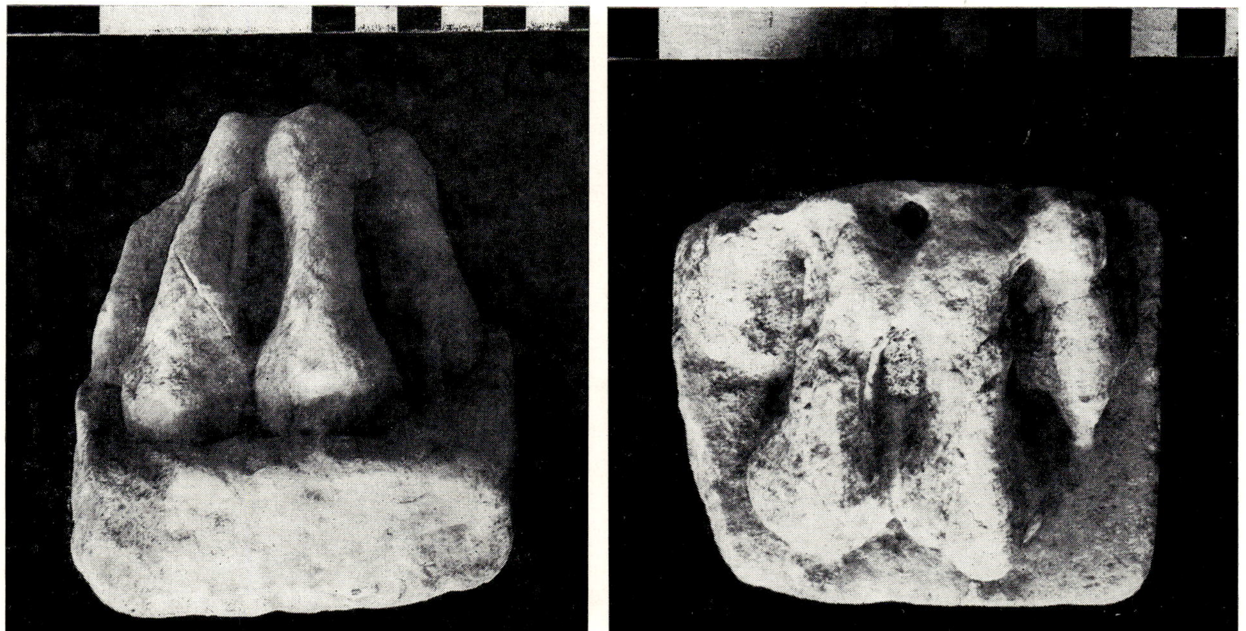

163–164. Patte de lion, fin IIe–début IIIe siècle de n.è., cat. n° 95 (phot. A. Bodytko)

165. Scorpion ?, Ier–IIIe siècles de n.è., cat. n° 96 (phot. Z. Doliński)

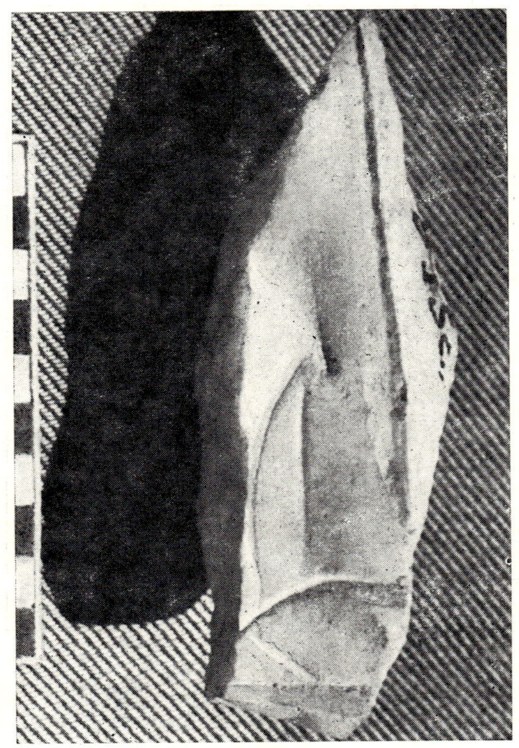

166. Fragment d'aile?, IIIe siècle de n.è., cat. n° 97 (phot. A. Bodytko)

167–168. Tronc avec peau d'animal, IIe–Ier siècles avant n.è., cat. n° 98 (167 — phot. W. Jerke, 168 — phot. A. Bodytko)

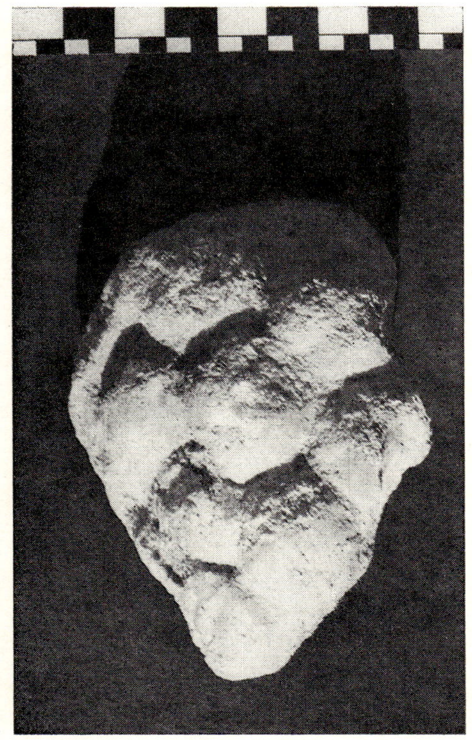

169. Grappe de raisin, cat. n° 99 (phot. Z. Doliński)

170. Massue ?, IIe siècle de n.è., cat. n° 100 (phot. A. Bodytko)

171–172. Tête, Ve–VIe siècles de n.è., cat. n° 101 (171 — phot. A. Bodytko, 172 — phot. W. Jerke)

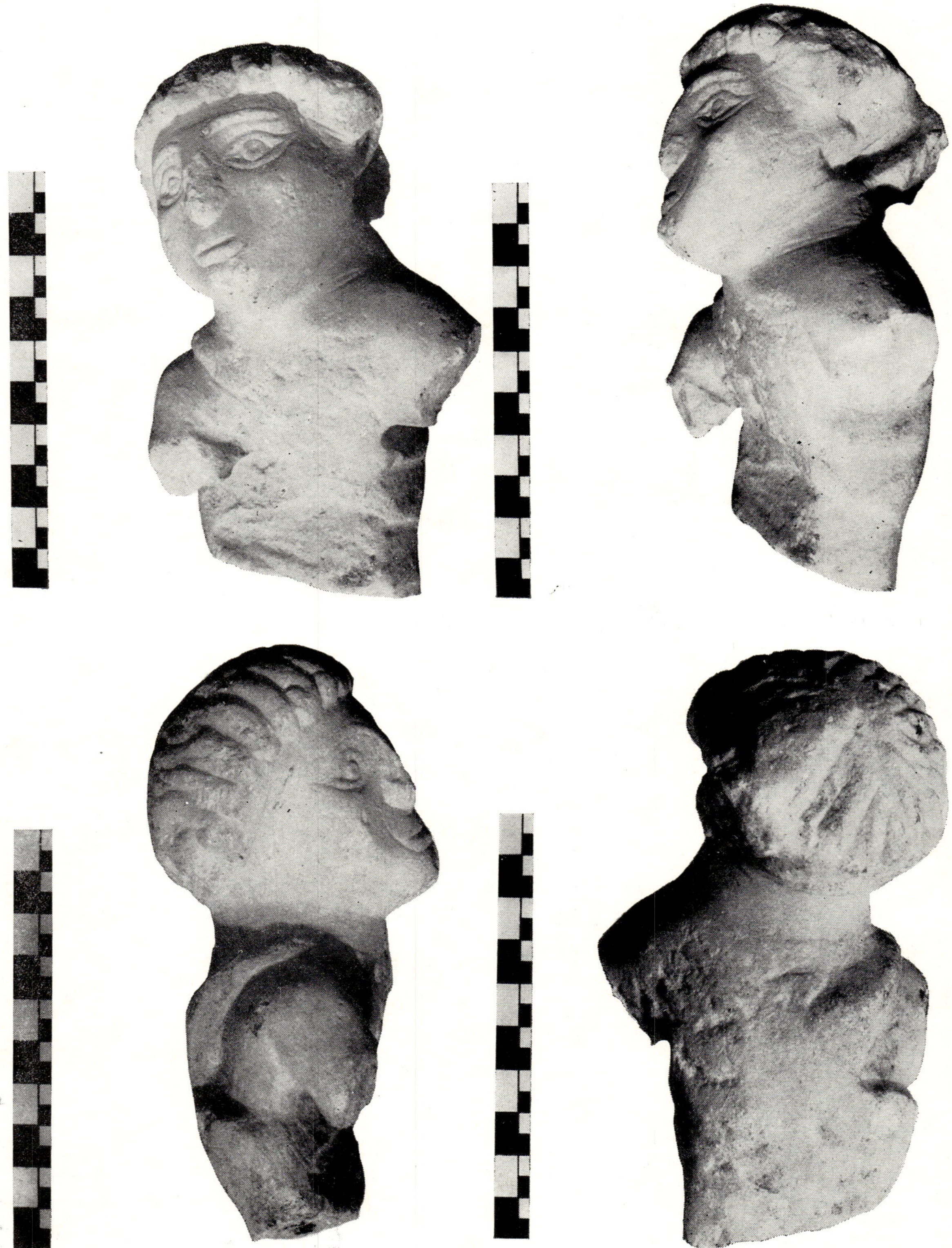

173–176. Personnage masculin, VIe siècle de n.è., cat. n° 102 (phot. Z. Doliński)

178. Fragment de bas-relief, IVᵉ–VIIᵉ siècles de n.è., cat. n° 104 (phot. Z. Doliński)

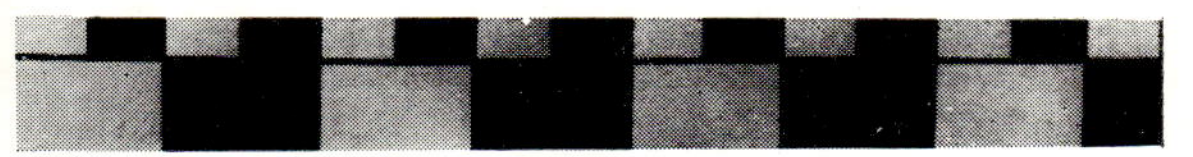

177. Fragment de bas-relief, fin VIᵉ–première moitié VII siècles de n.è., cat. n° 103 (phot. Z. Doliński)

179. Fragment de plaquette, XIIᵉ–XIIIᵉ siècles, de n.è., cat. n° 105 (phot. A. Bodytko)

180. Fragment de bordure, X^e–XIe siècles de n.è., cat. n° 106 (phot. A. Dziewanowski)

181–182. Fragment de socle, cat. n° 107 (phot. A. Bodytko)

183–184. Socle, Ier–IIIe siècles de n.è., cat. n° 108 (phot. Z. Doliński)

185–186. Socle, après 16 avant n.è., cat. n° 109 (phot. W. Jerke)

187. Base, 169–174 de n.è., cat. n° 110 (phot. T. Biniewski)